Alexander Großmann
Effektives Selbstmanagement

Meinem Vater, Dr. Gustav Großmann,
dem Verfasser von »Sich selbst rationalisieren«
und dem Urheber der Großmann-Methode,
in Dankbarkeit zugeeignet.

Alexander Großmann

Effektives Selbstmanagement

GABAL

Die Deutsche Bibliothek - CIP-Einheitsaufnahme

Großmann, Alexander:
Effektives Selbstmanagement / Alexander Großmann. –
Offenbach: GABAL, 2000 (EditionErfolg)
ISBN 3-89749-091-9

Cover: compaign!, Ludwigsburg
Text-Illustration: Erik Liebermann, Hagen-Riegsee
Satz: Rund ums Buch – Rudi Kern, Kirchheim/ Teck
Druck und Verarbeitung: Graphischer Großbetrieb Pößneck

Auch als Hardcover-Ausgabe unter dem Titel
»Erfolg hat Methode« (GABAL Verlag) erhältlich.

Verlagsinformationen:
Jünger Service, Schumannstr.161, 63069 Offenbach
Tel.: 0 69/84 00 03-13 (0) Fax: 0 69/84 00 03-33

Inhalt

Vorwort
1. Einführung: Erfolg hat Methode 9
2. Steigern Sie Ihr Können 22
3. Erfolgsfähigkeiten geben Zusatzschub 33
4. Sein Können optimal einsetzen 43
5. Hochmotiviert erreichen Sie mehr 52
6. Ziele durchführbar machen, Probleme lösen. 64
7. Spannen Sie Ihre Zeit vor Ihre Ziele 79
8. Ideen muss man haben 100
9. Fitness fördert Vorwärtskommen 112
10. Ihr »Netzwerk der Sympathien« 123
11. Sparen, Vermögen mehren und sich sichern. 128
12. Strategisches Vorgehen und Nutzen-Orientierung 145

Nachwort 156
Stichwortverzeichnis 158
Literaturverzeichnis 159

Vorwort

85 % der Autounfälle passieren aufgrund der Missachtung der einfachsten Verkehrsregeln (Allianz). Und 85 % der Menschen, die weit hinter ihren Möglichkeiten zurückbleiben, haben dies der Missachtung einfacher »Erfolgsregeln« zu verdanken.

Dieses Buch ist eine Zusammenstellung solcher »einfachen Erfolgsregeln«, die Ihnen helfen, überdurchschnittlichen Erfolg zu erzielen, Ihre Kräfte wirkungsvoller einzusetzen und schlicht mehr aus sich zu machen. Aber auch wer schon etliche Sprossen der Karriereleiter hinter sich gebracht hat, wird viele Anregungen und Impulse aufnehmen können, um von der Leistungselite zur Spitzenklasse vorzustoßen.

Dieses Buch stützt sich auf das Standardwerk »Sich selbst rationalisieren« meines Vaters Gustav Großmann, in dem er sein Methodik-Wissen und seine Erfahrungen in der Beratung von Zehntausenden von Erfolgsuchenden zusammengefasst hat. Eingebracht habe ich aber auch viele persönliche Beobachtungen und Erfahrungen meines Berufsweges, der mich in die oberste Etage eines deutschen Weltunternehmens führte. Meine Seminar-, Lehr- und Beratungs-Tätigkeit der letzten Jahre gab mir die Möglichkeit, meine Empfehlungen gründlich zu testen.

Die zwölf Kapitel dieses Buches machen Sie mit den wesentlichen Erfolgsfaktoren vertraut. Mit einer Methode des planvollen Vorgehens lernen Sie, alle für Sie wesentlichen Elemente positiv zu beeinflussen. Durch eine Reihe von Fragen und Aufgaben werden Sie dahin geführt, Ihre persönlichen Stärken und Potentiale zu erkennen, die für Sie optimalen Ziele zu finden und Ihr Können bestmöglich zu verwerten. Mit erprobten »Denkzeugen« werden Sie künftig Ihre größeren Ziele erreichbar machen, Ihre Probleme überwinden und Ihre Zeit zielorientiert nutzen.

Fangen Sie einfach an, unsere Fragen zu beantworten und unsere Empfehlungen in der Praxis auszuprobieren. Der schnell erkennbare Nutzen wird Sie davon überzeugen: Mit methodischem Vorgehen kann man zwar nicht alles, aber alles besser erreichen.

Zu besonderem Dank fühle ich mich Herrn Prof. Hardy Wagner, Speyer verpflichtet, weil er – auch in Wertschätzung des Werkes meines Vaters – die Anregung zu diesem Buch gegeben hat. Danken möchte ich meiner Frau Anita Großmann für das von ihr entwickelte Gesundheitsprogramm und meinen Söhnen Dr. Philipp und Rechtsanwalt Alexander Großmann für die konstruktiv-kritische Durchsicht meines Manuskripts.

Ich wünsche Ihnen viel Erfolg, viel mehr Erfolg und dass es Ihnen gelingt, Ihre Zukunft nach Ihren Vorstellungen zu gestalten.

Dr. Alexander Großmann

Hinweis:
Die meisten Zitate von Gustav Großmann entstammen aus seinem Werk »Sich selbst rationalisieren«, 28. Aufl., 1993, Grünwald im Isartal, ratio Verlag. Die Zitate auf den Seiten 14, 90, 95,101 und 102 sind entnommen aus: Großmann, Die Originaleinführung der »Großmann-Methode« in limitierter Auflage erstellt im Faksimile-Druck vom HelfRecht-Studienzentrum für persönliche und unternehmerische Planungsmethoden GmbH, 1983, Bad Alexandersbad.

1. Einführung: Erfolg hat Methode

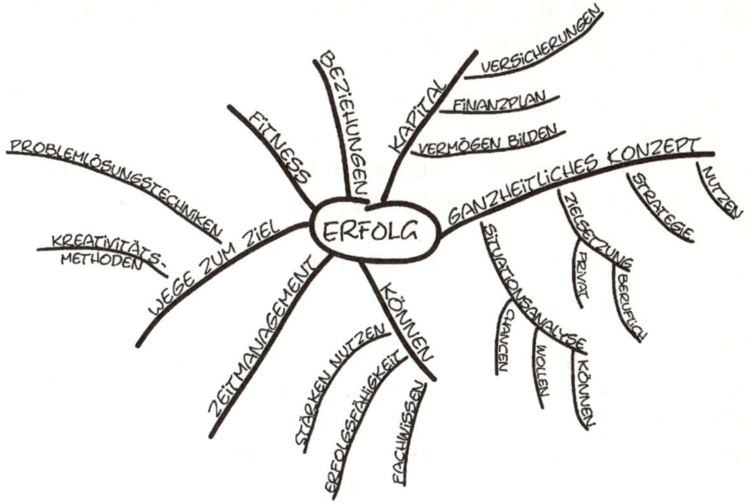

1.1 Das »Erfolgsgeheimnis« oder ein Erfolgskonzept?

Spitzenleistungen haben mehrere Ursachen

Gibt es *das* Erfolgsgeheimnis und das Erfolgsrezept? Viele huldigen dem Aberglauben, für den außergewöhnlichen persönlichen Erfolg gäbe es einen »Trick«, den es nur zu kopieren gilt. Tatsächlich lassen sich Spitzenleistungen niemals auf nur einen Grund zurückführen, sondern sie sind immer das Ergebnis *mehrerer* Ursachen.

Wir sollten also nicht nach dem *einen* Grund für den persönlichen Erfolg suchen, sondern wir müssen uns fragen, was alles dazu notwendig ist und welches die entscheidenden Faktoren sind. Wir brauchen also ein *umfassendes Konzept*, das alle wesentlichen Faktoren umfasst und positiv beeinflusst.

Und wir müssen uns auch bewusst machen: Wir sind *als Person einmalig* mit ganz ausgeprägten und individuellen Begabungen und Stärken, und wir leben beruflich wie privat in einer *einmaligen Situation*.

Aus dieser »doppelten Einmaligkeit« ergibt sich:

- Jeder ist nur für ganz bestimmte Erfolge (Ziele) geeignet und prädestiniert.
- Auch die Wege zum Erfolg sind für jeden verschieden.
- Jeder muss sein maßgeschneidertes Konzept erarbeiten.

Keine allgemein gültigen Erfolgsrezepte

Angeblich *allgemein gültige Erfolgsrezepte* sind pure Scharlatanerie, vergleichbar Universalheilmitteln. Denn ein Ziel, an dem der eine scheitert, ist für den anderen »genau das Richtige«. Hätte Kohl als Fußballer gleichen Erfolg haben können wie als Politiker? Und könnte Beckenbauer ein berühmter Physiker werden, wenn er es nur wollte? Gleiches gilt für die Wege zum Ziel. Was für den einen die Idealroute darstellt, lässt den anderen straucheln. Sie müssen *Ihre Ziele* und *Ihre Wege* finden.

Folgerung:

Klarheit über persönliche Situation

Sie müssen sich zunächst selbst gut kennen lernen (Selbst-Analyse) und Sie müssen Ihre Situation sorgfältig erforschen (Situations-Analyse). Erst dann können Sie fragen: Was sind die besten Ziele für mich? Und: Wo liegen die besonderen Chancen meiner Situation? Sie müssen sich erst einmal über *alle erfolgsrelevanten Faktoren* Ihrer Person und Ihrer Situation Klarheit verschaffen. Dazu gehört auch Ihr Privatleben.

1.2 Eine Situationsanalyse klärt Ihre Ziele

»Könntest du mir bitte sagen, welchen Weg ich einschlagen soll?«, fragte sie. »Das hängt wohl hauptsächlich davon ab, wo du eigentlich hin willst«, antwortete die Katze.

Alice im Wunderland

Eine Kurzanalyse führt Sie zu *Ihren* Zielen, *Ihren* Chancen und *Ihren* Wegen.

Kernfragen:

- Was sind meine beruflichen Stärken? (Worauf basierten meine bisherigen Erfolge?)
- Welche Stärken kann ich ausbauen, welche neuen Stärken noch dazuerwerben?
- Wie kann ich sie noch besser einsetzen und verwerten?
- Welches sind eventuell erfolgshemmende Schwächen oder Kompetenz-Lücken?
- Was sind die entscheidenden Erfolgsfaktoren in meinem jetzigen Beruf?
- Von welchen persönlichen Eigenschaften, Fähigkeiten, Kenntnissen und Verhaltensweisen hängt mein Berufserfolg in erster Linie ab?
- Welche besonderen Chancen und Möglichkeiten bietet meine gegenwärtige Situation? (Wem kann ich vor allem Nutzen bieten?)
- Welche Chancen könnten sich in absehbarer Zukunft ergeben und wie könnte ich sie nutzen?
- Welchen künftigen Gefahren kann ich wie vorbeugen?

- Welche derzeitigen Schwierigkeiten, Mängel und Erfolgshindernisse muss ich ehestmöglich beheben?
- Wie beurteile ich meine private Situation (Gesundheit, Partnerschaft/Familie, Freizeit, Hobbys)?
- Welche ersten Konsequenzen (Zielsetzungen) ziehe ich aus dieser Kurzanalyse?

Wichtiger Hinweis:
Beantworten Sie jede in diesem Buch gestellte Frage auf einem eigenen DIN-A4-Blatt. Widmen Sie auch jeder Aufgabe eine eigene Seite.

1.3 Am Anfang steht das Ziel

»Keine Ziele zu haben, ist die Hauptursache für Erfolgsarmut.«

(G. Großmann)

Schon bei der *Zielsetzung* hapert es bei den meisten:

- Sie arbeiten *ohne* (schriftliche) Ziele und Aufgaben.
- Ihre Ziele sind *vage.*
- Sie verfolgen *zu viele* Ziele (Verzettelung).
- Ihre Ziele sind *nicht nach Wichtigkeit* geordnet.
- Ihre Ziele passen *nicht zu ihren Fähigkeiten.*
- Ihre Ziele passen *nicht zu ihrem Wollen.*
- Sie *wechseln* ihre Ziele häufig.
- Ihre Ziele sind ohne vorhergehende *Situations-Analyse* (s. S. 11) festgelegt.

8 Gebote der Zielsetzung

Daraus ergeben sich die

8 Gebote für die Zielsetzung:

1. Definieren Sie schriftlich Ihre persönlichen und beruflichen Ziele nach sorgfältiger Analyse (s. S. 11).
2. Beschreiben Sie Ihre Ziele klar und eindeutig; legen Sie Termine fest.
3. Verfolgen Sie nur wenige wichtige Ziele (Konzentration).
4. Ordnen Sie Ihre Ziele nach Prioritäten (A, B, C).
5. Ordnen Sie Ihre Ziele auch nach Fristigkeit (kurzfristige: bis 12 Monate; mittelfristige: 1-5 Jahre; langfristige: 5 Jahre und mehr).
6. Wählen Sie die Ziele, für die Sie besonders geeignet sind.
7. Suchen Sie sich Ziele, die Sie stark motivieren (s. S. 52 ff.).
8. Bleiben Sie bei Ihren Zielen (Zielkonstanz).

Nur wer seine Ziele aufgrund einer ganzheitlichen Analyse seiner eigenen Person und Situation sorgfältig definiert, schafft optimale Voraussetzungen für außergewöhnliche Leistungen. Mit der »richtigen« Zielwahl sichern Sie sich schon mehr als die Hälfte Ihres Erfolges. Wenden Sie die 8 Gebote bei allen wichtigeren Ziel-Entscheidungen an.

1.4 Spielball der Umstände oder Herr der Lage sein?

»Das Schicksal hat aber für alle, die sich treiben lassen, immer nur eine bittere Wahrheit: Ich werde dich dahin fahren, wo du nicht sein möchtest.«
(G. Großmann)

Die Hälfte der Deutschen sind der Auffassung, dass sie Ihre Zukunft weitgehend selbst gestalten können und dass sie für ihren persönlichen Erfolg und Misserfolg zum größten Teil selbst verantwortlich sind (Allensbach).

Ein Meer von Möglichkeiten

Tatsächlich haben die meisten Menschen ungeheure Freiräume, Entscheidungsalternativen für ihren Weg in die Zukunft, ohne sich dessen voll bewusst zu sein und ohne sie richtig zu nützen. Wir leben fast alle in einem »Meer von Möglichkeiten«.

Sie können wählen: sich treiben lassen oder agieren. Von Tag zu Tag weiterwursteln oder vorausdenken und planen. Sich dem Zufall hingeben oder bewusst Ihr Leben gestalten.

Was ist Ihre »Lebens-Philosophie«? Ich will eher:

Zukunft selbst gestalten

■ aktiv sein (Akteur)	■ passiv bleiben (Drifter)
■ selbstbestimmt sein	■ fremdbestimmt sein
■ das Beste aus mir machen	■ mich zufrieden geben
■ Ziele anstreben	■ mich »auf Sicht« steuern
■ planmäßig arbeiten	■ improvisieren

Ihre Zukunft ist das, was Sie aus ihr machen.

1.5 Was heißt »sich selbst rationalisieren«?

»Sich selbst rationalisieren bedeutet, sein eigenes Leben vernünftig gestalten oder sinnvoll oder höchst zweckmäßig »

(G. Großmann)

Bessere Ergebnisse, größere Erfolge

Selbstrationalisierung hat zunächst das Ziel, die eigene Arbeit rationeller zu gestalten, seine Aufgaben in kürzerer Zeit mit geringerem Aufwand zu bewältigen. Oder: bei gleichem Krafteinsatz bessere Ergebnisse und größere Erfolge zu erzielen.

Je größer und komplexer die Aufgaben, umso größer sind die Unterschiede in der persönlichen Effizienz. Und umso größer die Rationalisierungschancen: Der beste Facharbeiter leistet doppelt so viel wie sein schwächster Kollege. Exzellente Unternehmer und Manager erzielen dagegen die hundert- bis tausendfache Leistung verglichen mit ihren schwächsten Konkurrenten.

Optimale Lebensgestaltung

Letztlich geht es aber nicht nur um berufliche Leistung und Effizienz, sondern um eine optimale Lebensgestaltung: so zu leben, wie man gerne möchte, und das zu erreichen, was im Bereich der eigenen Möglichkeiten liegt. Das verlangt, sich klar zu werden über seine Absichten, Wünsche, Möglichkeiten und Ziele, sowohl im beruflichen als auch im privaten Bereich, und sie dann auch systematisch und planmäßig zu verfolgen und umzusetzen. Ein »gedeihliches Leben« zu führen, seinem Leben größtmöglichen Wert zu geben und es zu einem »Kunstwerk« zu gestalten, war für Gustav Großmann letztes Ziel der Selbstrationalisierung.

Metho-disches Vorgehen

Hauptmittel der Selbstrationalisierung sind Analysen der Ausgangssituation, systematische Ziel- und Strategie-Erarbeitung, Steigerung des persönlichen Könnens und der Erfolgsfähigkeiten, Zielerreichungs- und Problemlösungsmethoden sowie eine zielorientierte Zeitplanung. Stärkung von Fitness und Selbstmotivation runden das Methoden-Programm ab.

Durch gründliche Aneignung und konsequente Anwendung der hier aufgezeigten Mittel und Methoden der Selbstrationalisierung können Sie Ihren persönlichen Erfolg erheblich steigern oder längerfristig sogar vervielfachen. Und darüber hinaus ein sinnvolles und glückliches Leben fahren.

1.6 Der Sinn meines Lebens?

Bei der Frage nach den Lebenszielen antworten viele: Ich möchte ein *sinnvolles* Leben führen. Aber was ist der Sinn unseres Lebens? Immanuel Kant lehrte uns, dass alle Lebewesen nach Selbsterhaltung und Arterhaltung streben.

Sein Gedeihen fördern

»Selbsterhaltung« erfordert, unser eigenes Gedeihen zu fördern. Die Orientierung am eigenen »Gedeihen« verlangt zum Beispiel, dass wir den kurzfristigen beruflichen Erfolg nicht einseitig zu Lasten anderer wichtiger Lebenselemente wie Gesundheit, Familienglück und Freizeit erstreben.

Förderung der Mit-menschen

Und das Einbinden des eigenen Gedeihens in das Gedeihen der Mitwelt gebietet: kein Erfolg auf Kosten anderer, sondern: Erfolg durch Förderung anderer. Im Mittelpunkt des Denkens der erfolgsorientierten Persönlichkeit steht das Ziel, vor allem *das Gedeihen ihrer*

Mitmenschen bestmöglich zu fördern, ihnen den größtmöglichen Nutzen zu bieten und dadurch selbst größtmöglichen Nutzen zu ernten. Denn man kann anderen viel mehr nutzen als sich selbst. So verhilft der »Umweg über den anderen« letztlich auch zur Maximierung des eigenen Erfolges. Gustav Großmanns Kernthese lautete: »Nutzen bieten – Nutzen ernten.«

Nutzen bieten – Nutzen ernten

Fragen:

- Was fördert derzeit mein persönliches Gedeihen?
- Wie fördere ich mein persönliches Gedeihen?
- Was schädigt derzeit mein persönliches Gedeihen?
- Wie schädige ich mein persönliches Gedeihen?
- Beeinträchtige ich das Gedeihen anderer?
- Welchen Nutzen biete ich meinen Mitmenschen?
- Welchen Nutzen würde ich ihnen am liebsten bieten?
- Was will ich künftig im Hinblick auf mein Gedeihen und das Gedeihen der Mitwelt tun (und unterlassen)?

1.7 Bin ich eigentlich begabt genug?

Notendurchschnitt sagt nichts

Die Schule suggeriert: Du musst ringsum gut sein, der Notendurchschnitt zählt. Das ist Unsinn.

Sehr viele Menschen unterschätzen sich aufgrund schulischer Erfahrungen. Sie erkennen nicht, *dass die Schule aus dem breiten Spektrum erfolgsrelevanter Begabungen nur einen schmalen Ausschnitt beurteilt.* Für die Lebenstüchtigkeit wichtige Fähigkeiten, wie zum Beispiel mit anderen Menschen umgehen zu können, werden überhaupt nicht berücksichtigt.

Von Assessment Centers wissen wir: Nur wenige haben breit gestreute Begabungen auf vielen Gebieten. Fast jeder verfügt jedoch über *einige* überdurchschnittliche Begabungen. Und das ist entscheidend. Ein Heldentenor muss nur gut singen können und musikalisch sein; was er alles nicht kann, ist völlig belanglos.

Wünsche als Begabungshinweise

Stellen Sie fest, wo Ihre Begabungsschwerpunkte liegen. *Begabt ist man meist für Dinge, die man gerne tut:*

»Unsere Wünsche sind Vorgefühle der Fähigkeiten, die in uns liegen, Vorboten desjenigen, was wir zu leisten imstande sein werden.«

(Goethe)

Im Übrigen: Es gibt keine fünf oder zehn Persönlichkeitsmerkmale, die alle Spitzenkönner gemeinsam haben; es gibt keinen »Norm«-Erfolgsmenschen. Unter den hervorragenden Persönlichkeiten in allen Bereichen finden wir extrem unterschiedliche Typen und Charaktere.

Sich freimachen von eingebildeten Schwächen

Machen Sie sich frei von eingebildeten Schwächen und Erfolgshindernissen. Analphabeten und Legastheniker wurden Multimillionäre; Rollstuhlfahrer sind Politiker, Wissenschaftler und Unternehmer.

Begabungen zu Fähigkeiten entwickeln

Das häufigste Erfolgshindernis ist nicht Begabungsmangel, sondern unzureichende Erkenntnis der vorhandenen entwicklungsfähigen und nutzbaren Begabungen. Erkennen Sie Ihre Begabungsschwerpunkte, die sich zu Fähigkeiten, besonderen Nutzen zu bieten, entwickeln lassen.

1.8 Sich mit Verstand und Gefühl führen

»Wer mit Vernunft entscheidet, der hat alles.«
(Menander)

Gefühle unterdrücken?

Heißt »sich selbst rationalisieren«, sich nur noch vom Verstand leiten zu lassen und jedes Gefühl möglichst zu unterdrücken oder zu negieren?

Erfolgreicher zu arbeiten und rationeller zu handeln verlangt sicher, sich in erster Linie auf seine Geisteskräfte zu stützen.

Mit Vernunft entscheiden

Für wichtige Entscheidungen im Beruf, für die Zielsetzungen und die Zukunftsplanung brauchen wir unseren ganzen Verstand – möglichst methodisch unterstützt. Unser Denken kann durch Gefühle und Emotionen gefördert, aber auch beeinträchtigt werden. Zum Beispiel fördert gute Stimmung unsere Kreativität. Andererseits kennen wir die durch Erregung hervorgerufene »verminderte Zurechnungsfähigkeit«. Wir sollten also vermeiden, in Aufregung, Angst oder Hass schwerwiegende Entscheidungen zu fällen.

Unsere Schulen und Hochschulen sind fast ausschließlich darauf ausgerichtet, uns Wissen zu vermitteln und unsere intellektuellen Fähigkeiten zu entwickeln. Der Umgang mit unseren Gefühlen wird uns nicht gelehrt.

Aber wir brauchen beides: Verstand *und* Gefühl.

Der »inneren Stimme« folgen

Beziehen Sie vor allem bei der Wahl Ihrer Ziele Ihr Gefühl mit ein. Nur wenn wir unserem tief verwurzelten Wollen und Wünschen folgen, setzen wir unsere ganze Energie in uns frei. Wer jedoch gegen seine »innere Stimme« handelt, riskiert Widerstände aus dem Unterbewussten.

Lassen Sie die Qualität Ihres Denkens nicht durch Erregungszustände beeinträchtigen. Nutzen Sie Ihren ganzen Verstand, um sich optimal zu führen. Aber folgen Sie auch Ihrem Gefühl, um alle Ihre Energien in sich freizusetzen.

1.9 So nutzen Sie dieses Buch am besten

Ein Arbeitsbuch

Dies ist kein Buch zum schnellen Durchlesen, sondern eine Arbeitsanleitung, die Ihnen schrittweise und systematisch zu besserem Selbstmanagement und zu größerem persönlichen Erfolg verhelfen wird.

Das ist ein anspruchsvolles Ziel. Aber Sie können es erreichen.

Fragen und Aufgaben

Voraussetzung ist allerdings, dass Sie die zahlreichen gestellten Fragen und Aufgaben auch wirklich sorgfältig beantworten bzw. lösen. Diese Arbeit wird Ihnen zunehmend Spaß machen, weil Sie sich neue Erkenntnisse über Ihre Zukunftschancen erschließen und Vorteile bei der praktischen Anwendung verschiedener Methoden erfahren werden.

Nehmen Sie sich – soweit nicht anders vermerkt – für jede Frage und für jede Aufgabe ein eigenes DIN-A4-Blatt.

Falls Sie mit der Hand schreiben, sollten Sie einen Bleistift bevorzugen, um radieren und ändern zu können. Heben Sie alles, was Ihnen in diesem Buch wichtig ist, durch Unterstreichen oder Markieren hervor.

Markieren Sie!

Sie können die Fragen und Ihre Antworten auch auf Ihren PC nehmen, um bei späterer erneuter Bearbeitung leicht ändern und ergänzen zu können.

Arbeiten auf PC

Alle Ihre Antworten und Ausarbeitungen sollten Sie in einem eigenen Ordner aufbewahren. Sichern Sie Ihre PC-Eingaben bzw. Ihren Ordner gegen den Zugriff Unbefugter.

Diese kurz gefasste Anleitung kann kein Seminar ersetzen. Erwägen Sie, Ihr Methodik-Können auch in anderer Form (z. B. durch Seminare und Trainings) zu vertiefen und zu vervollkommnen.

Seminare, Trainings

Arbeiten Sie diese Anleitung gründlich durch. Wenden Sie die Empfehlungen Schritt für Schritt an; am Anfang möglichst häufig. Die Vertiefung Ihres Methodik-Wissens ist nur ein erster Schritt. Was zählt, sind letztlich nur Ihre durch Anwendung erzielten konkreten Fortschritte und Erfolge.

2. Steigern Sie Ihr Können

2.1 Das persönliche Können im System der Erfolgsfaktoren

»Durch nichts anderes wird das Schicksal des Menschen so bestimmt, wie durch sein Können.«

(G. Großmann)

Über hundert Antworten und Vorschläge erhalte ich manchmal in meinen Seminaren auf die Frage: »Was kann man tun, um noch erfolgreicher zu werden?«

Worauf kommt es an?

Kein Zweifel: Sie können vieles tun. Die Gefahr, sich zu verzetteln, ist damit groß. Deshalb müssen wir uns fragen: *Was ist wirklich wichtig, worauf kommt es letzten Endes an?*

Ich selbst halte das berufliche Können *für den wichtigsten Erfolgsfaktor*. Die Weiterentwicklung Ihrer Kenntnisse, Fähigkeiten, Erfahrungen und Verhaltensweisen sollte daher im Mittelpunkt Ihrer persönlichen Erfolgsstrategie stehen. Mehr Erfolg durch größeres Können!

Der wichtigste Erfolgsfaktor

Fragen:

- Von welchen Faktoren wird mein persönlicher Erfolg in erster Linie bestimmt?
- Welches Gewicht hat dabei mein berufliches Können?

2.2 Welches Können ist erfolgsentscheidend ?

Können heißt letztlich: einem Kunden oder einem Unternehmen *Nutzen bieten können*.

Können heißt: Nutzen bieten

Berufliches Können steht immer in Bezug zu einer konkreten Berufsaufgabe. Wer mit erhöhtem Können mehr Nutzen bieten will, muss deshalb erst einmal seine gegenwärtigen *Aufgaben klar definieren, die gestellten Anforderungen gut verstehen.*

Fragen:

- Welches sind die Aufgaben in meinem gegenwärtigen Beruf?
- Was soll das Ergebnis meiner Arbeit sein?
- Wie misst man den Erfolg meiner Tätigkeit?
- Wonach beurteilen meine Kunden/Vorgesetzten meine Leistungen in erster Linie?

- Welche Fähigkeiten, Kenntnisse, Erfahrungen und Verhaltensweisen brauche ich zur Erfüllung meiner jetzigen Berufsaufgabe? Bewerten Sie die oben genannten Fähigkeiten usw. je nach ihrer Wichtigkeit für den Erfolg und das Ergebnis Ihrer Arbeit mit A, B, C.
- Anforderungen und Fähigkeiten: Welchen Anforderungen entspreche ich gut / befriedigend / unzureichend?
- Welche Stärken bleiben bei meinen derzeitigen Aufgaben schlecht genutzt / ungenutzt?
- Welchen Anforderungen will ich künftig besser entsprechen?
- In welcher anderen Position könnte ich meine derzeit schlecht genutzten Stärken besser verwerten?
- Durch Ausbau welcher Kenntnisse und Fähigkeiten kann ich den Erfolg in meiner jetzigen Tätigkeit entscheidend verbessern? Auf welches Können kommt es in erster Linie an?
- Welche Fähigkeiten will ich als erste verbessern, ergänzen und stärken?

Fähigkeiten für derzeitige Aufgabe ausbauen

Lern' das Richtige! Bauen Sie ganz gezielt vor allem diejenigen Kenntnisse und Fähigkeiten aus, die Ihren Erfolg in Ihrer gegenwärtigen Aufgabe entscheidend fördern. Die besonders gute Bewältigung Ihrer gegenwärtigen Aufgaben ist die beste Empfehlung, um Ihnen auch größere Verantwortung zu übertragen.

2.3 Ziel- und zukunftsorientierte Weiterbildung

Zukünftige Anforderungen

Überlegen Sie vor allem auch, welche künftigen unternehmerischen Ziele und Karriereschritte Sie in der übersehbaren Zukunft (5-10 Jahre) realisieren wollen und welche größeren oder zusätzlichen Anforderungen damit auf Sie zukommen.

Roulierender Fünfjahresplan

Machen Sie für die Entwicklung Ihres Könnens und Ihrer gesamten Persönlichkeitsentwicklung einen *roulierenden Fünfjahresplan*, der sich jährlich um ein Jahr nach vorne schiebt.

Hauptaspekte sind:

- Welche größeren beruflichen Ziele habe ich mir für die übersehbare Zukunft (5-10 Jahre) gesetzt?
- Welche Kenntnisse und Fähigkeiten muss ich hierfür ausbauen bzw. mir zusätzlich aneignen? (Was muss ich für meinen Erfolg von morgen können?)
- Welche neuen Erfahrungen sollte ich in welchen bisher von mir noch nicht wahrgenommenen Aufgaben und Funktionen sammeln?
- Wie aneignen (Bücher, Kurse, Vorträge usw.)? (Siehe Kapitel »Rationell lernen«, S. 29)
- Zeitaufwand pro Jahr? Für jüngere Führungskräfte / Unternehmer sehe ich 14 Tage im Jahr als eine Untergrenze an.
- Finanzieller Aufwand? (Was will ich neben meiner Firma selbst in mich investieren?)

Bauen Sie auf Ihre entwicklungsfähigen Stärken und bilden Sie sich vor allem zukunftsorientiert weiter, im Blick auf Ihre mittelfristigen Berufsziele (Karriereziele bzw. unternehmerischen Ziele).

2.4 Schwächen, die Erfolg verhindern

Vermeintliche Schwächen

Allzu viele Menschen lassen sich von (vermeintlichen) persönlichen Schwächen, Wissenslücken, Ausbildungsdefiziten und äußeren Erscheinungsmerkmalen nahezu »hypnotisieren«.

Machen Sie sich bewusst: *Entscheidend bleibt Ihre Fähigkeit, Nutzen zu bieten.* Erst wenn der von Ihnen erbrachte Nutzen Mängel aufweist, sollten Sie nach zugrunde liegenden persönlichen Defiziten und Schwächen fragen.

Relevante und irrelevante Schwächen

Sie müssen lernen, nüchtern zu unterscheiden zwischen *relevanten und irrelevanten persönlichen Schwächen.* Die meisten Schwächen *sind* irrelevant. Sie können so viele Schwächen haben, wie Sie wollen – solange diese Ihre Fähigkeit, Nutzen zu bieten, nicht beeinträchtigen.

»Mir ist es gleich, ob eine Katze schwarz oder weiß ist – Hauptsache, sie fängt Mäuse.«
(Deng Xiaoping)

Doch es gibt auch erfolgshemmende oder gar *erfolgsverhindernde Schwächen.* Gelegentlich haben sogar »kleine Ursachen große Wirkung«: Eine unauffällige Schwäche, eine unzureichende Fähigkeit, eine Wissenslücke wirkt wie das schwache Glied in einer sonst starken Kette.

Mein Vater nannte solche relevanten Schwächen »wirksame Mängel«. Beispiel: Die Unfähigkeit, mit Mitarbeitern umzugehen, verhindert den Aufstieg eines sonst hoch geschätzten Fachmanns.

»Wirksame Mängel«

Besonders gefährlich sind *uns nicht bewusste* persönliche »wirksame Mängel«. Sie liegen meist auf charakterlichem Gebiet (Unzuverlässigkeit, Unaufrichtigkeit usw.) oder im Bereich des Verhaltens (z. B. prahlerisches Auftreten). Familienangehörige, Freunde, Kollegen oder ein Berater (Coach) können Ihnen bei vorsichtiger Befragung Aufschluss geben, ob bei Ihnen eine Erfolgsbarriere dieser Art vorliegt.

Unbewusste Schwächen

Fragen:

- Welche Schwächen (unzureichende Fähigkeiten, Wissenslücken, Anforderungsdefizite) beeinträchtigen derzeit meine Leistung und mein Nutzen-Bieten?
- Habe ich geprüft, ob mein Erfolg durch einen bislang unentdeckten »wirksamen Mangel« behindert wird?

Eine relevante Schwäche ist ein Fähigkeitendefizit, das Sie daran hindert, Ihre berufliche Leistung gut zu erbringen. Vernachlässigen Sie Ihre irrelevanten Schwächen, aber beseitigen Sie gegebenenfalls einen »wirksamen Mangel«. Die persönlichen Stärken zu stärken, ist meist wichtiger, als die Schwächen zu schwächen.

Relevante Schwächen beseitigen

2.5 Rationell lernen

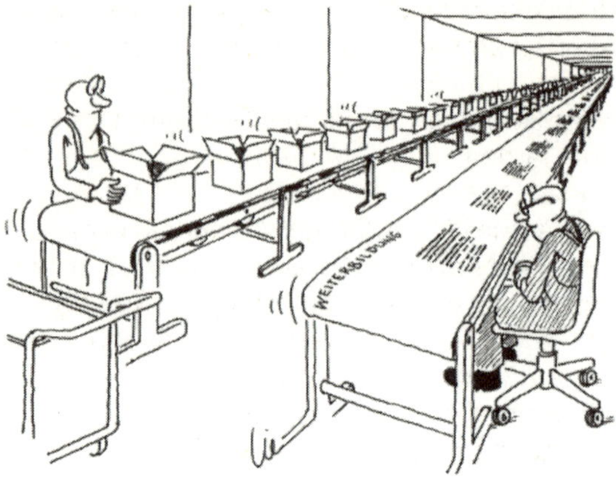

»Heute ist der Mann gesucht, der es gelernt hat, sich die benötigten Kenntnisse schnell und rationell anzueignen.«

(G. Großmann)

a) Andere Ziele, anderes Lernen

Besonderheiten beruflicher Weiterbildung

Das Lernen im Beruf und neben dem Beruf ist ganz anders als an Schule und Hochschule:

- Es geht weniger um die Aufnahme von Wissen als um den Ausbau *komplexer Fähigkeiten* (wie z.B. »soziale Kompetenz«), oft auch um Verhalten und Erfahrung.

- Lernstoff und Lernziele sind nicht vorgegeben, sondern wir müssen *selbst herausfinden, was* wir für die bessere Bewältigung einer konkreten Aufgabe brauchen und wie wir es uns aneignen können.

- Wir müssen uns oft in kurzer Frist in ganz neue Aufgaben einarbeiten und haben wenig Zeit zum Lernen.

- Vieles kann man weder aus Büchern noch in Seminaren lernen.

Rationell lernen für größeren Berufserfolg verlangt,
- strikt zielorientiert zu lernen, nur das zu lernen, was für das nächste Berufsziel nötig und wichtig ist (Verzicht auf jegliche »Berieselung« nach dem Motto »das kann wohl nichts schaden«),
- sich durch die übergeordnete Zielsetzung fürs Lernen kräftig zu motivieren,
- die für meine Lernaufgabe und für meinen Lerntyp (visuell, akustisch) bestgeeigneten Mittel und Methoden einzusetzen,
- einen (längerfristigen) Plan zu entwerfen und ihm zu folgen.

Lern-Zeitplan

Teilen Sie in einem eigenen Zeitplan Ihren Lernstoff auf Tage, Wochen und Monate auf, setzen Sie sich Zwischenziele und belohnen Sie sich.

Nehmen Sie sich grundsätzlich vor, sich das definierte Ziel-Können in einem Drittel der »üblichen« Zeit anzueignen.

b) Motivation und Einstimmung

Entspannt lernen

Solange Ihr Kopf voller beruflicher Probleme ist, werden Sie sich nicht richtig auf Ihren Lernstoff konzentrieren können.

Lernziele vor Augen führen

Musik

Entspannen Sie sich zunächst (z. B. autogenes Training). Machen Sie sich vor jeder Lernphase bewusst, wie Ihr Lern- und Berufsziel aussieht. Beschreiben Sie begeisternd, *welche Vorteile* Sie von der Erreichung Ihrer Lernziele erwarten. Probieren Sie aus, ob Ihre Aufnahmefähigkeit durch Musik im Hintergrund gefördert wird.

c) Lernformen und -mittel

Lernmethoden passend zu Inhalten

Lernmethoden und Vorgehensweisen müssen Sie darauf abstellen, *was* gelernt werden soll (z. B. Übersichtswissen, Zusammenhänge, Rhetorik, Sprachen, Fachkenntnisse, Verhaltensweisen, Einstellungen). Die meisten Bücher über rationelles Lernen beziehen sich lediglich aufs »Prüfungslernen«.

Orientierung bei Lernmitteln

Die »Lernmittel« zur formellen Weiterbildung reichen vom Fachaufsatz über das Taschenbuch bis zum mehrwöchigen Management-Training. Suchen Sie zuerst Übersichten und Zusammenfassungen. *Orientieren* Sie sich zunächst gründlich (bei Kollegen, Vorgesetzen, Weiterbildungsabteilung), welches die anerkanntesten Lehr-Bücher und Programme sind, die renommiertesten Seminaranbieter und die auch pädagogisch besten Lehrer. Gibt es Audio-Kassetten, so dass Sie Fahrzeiten nutzen können?

d) Ort und Zeit

»Wer es sich zur Gewohnheit macht, in der Freizeit sein Wissen und seine Fähigkeiten zu steigern, der muss es zu etwas bringen; er muss die überragen, die ihre Freizeit dazu benutzen, ihre Kräfte systematisch zu untergraben.«

(G. Großmann)

Ruhe

Sie müssen absolut ungestört sein und sich in Ihrer Lernumgebung wohl fühlen. Als Lernzeit eignet sich natürlich am besten das Wochenende. Für Wiederholungen und leichtere Lernaufgaben sollten Sie Flug- und Bahnreisen nutzen.

Leerzeiten nutzen

e) »Mit allen Sinnen« aktiv lernen

Hören und Sehen bringt mehr als eine »einkanalige« Informationsaufnahme.

Hinterfragen

Bei *aktiver Auseinandersetzung* mit dem Lehrstoff behalten Sie noch mehr. Fragen Sie schon beim Zuhören: Was ist wichtig? Was kann ich anwenden? Was stimmt/ stimmt nicht? Stellen Sie Fragen, diskutieren Sie. Unterstreichen Sie in Büchern, machen Sie Randbemerkungen.

Strukturieren

Strukturieren und ordnen Sie schwierige und umfassende Sachverhalte. Machen Sie graphische Darstellungen. Gliedern Sie den Stoff mittels einer Mindmap (s. S. 76). Versuchen Sie, jemandem das gerade Gelernte mündlich darzustellen.

Wiederholen

Wiederholen Sie in größeren Zeitabständen, was Sie behalten müssen. Wenden Sie das neu Gelernte so schnell und so häufig wie möglich an.

2.6 Neue Aufgaben, neue Anforderungen

Learning by doing

Die komplexen Fähigkeiten, Verhaltensweisen und Erfahrungen einer Führungskraft entwickeln sich im Sinne eines umfassenden »Lernens« am schnellsten bei wechselnden Aufgaben unter verschiedenartigen Lebensumständen. Am größten sind die neuen Herausforderungen bei einem Funktionswechsel, bei einem Standortwechsel oder bei einem Firmenwechsel.

Job-Rotation

Bemühen Sie sich vor allem in jüngeren Jahren auch selbst um eine häufige (alle drei bis vier Jahre) und möglichst drastische *Job-Rotation*. Sammeln Sie möglichst früh auch Auslandserfahrungen.

Wachsende Anforderungen

Nichts fordert neben einer planmäßigen, systematischen und organisierten Weiterbildung Ihre komplexen Talente und Ihr Fähigkeitenprofil stärker als der krasse Wechsel Ihrer beruflichen Aufgaben – mit wachsenden Anforderungen.

2.7 Zusammenfassung

Lernziele definieren

Ihr Können und Wissen ist Ihre wichtigste Erfolgsressource. Es zu ergänzen, weiterzuentwickeln und zu trainieren ist das Beste, was Sie für Ihre berufliche Zukunft und die Entwicklung Ihrer Persönlichkeit tun können. Definieren Sie sorgfältig, was Sie zur Zielerreichung und Leistungssteigerung in den nächsten Jahren noch dazulernen wollen. Wählen Sie die besten Lernmittel und Lehrveranstaltungen, um auch möglichst effizient zu lernen. Suchen Sie immer wieder nach neuen und wachsenden Herausforderungen, die Ihnen all das vermitteln, was man aus Büchern und Kursen nicht lernen kann.

Effizient lernen

3. Erfolgsfähigkeiten geben Zusatzschub – Wirkungsvoll kommunizieren, reden und führen

3.1 Fähigkeiten, die unseren Erfolg fördern können

»Für nichts würde ich mehr Geld ausgeben als für die Fähigkeit des Umgangs mit Menschen.«
(John D. Rockefeller)

Fachkompetenz unentbehrlich

Eine Zeit lang war es Mode zu behaupten, auf Fachwissen, Branchenkenntnisse und technische Fähigkeiten käme es überhaupt nicht mehr an. Seit sich jedoch in den Conglomerates (Mischkonzernen) diese Alleskönner (General Manager) als Nichtskönner entpuppt haben, wird die Fachkompetenz wieder groß geschrieben.

Nicht-fachliche Fähigkeiten

Ich bleibe dabei: Jede Berufsaufgabe stellt unterschiedlich gewichtete fachliche und nicht-fachliche Anforderungen. Ihre besondere Aufmerksamkeit verdienen jedoch jene nicht fachlichen und nicht-berufsspezifischen Fähigkeiten, die nahezu generell Ihren Berufserfolg positiv beeinflussen können. Man könnte sie Erfolgsfähigkeiten oder auch Katalysator-Fähigkeiten nennen: Wer sie beherrscht, dem gelingt fast alles leichter, schneller und sicherer. Viele verdanken ihren außergewöhnlichen Erfolg *einer* meisterhaft beherrschten Fähigkeit dieser Art.

Aufgabe:
Halten Sie deshalb auf einem Blatt fest, welche nicht-fachlichen Fähigkeiten Ihren Berufserfolg fördern können.

Beispiel:
Nicht-fachliche Fähigkeiten, die meinen Berufserfolg fördern können:

Fähigkeit	Bedeutung A B C	Verbesserungs-absicht 1 2 3
Verhandeln, Kommunizieren Rhetorik Präsentieren Moderieren Mitarbeiter führen Mitarbeiter motivieren Im Team arbeiten Wirkungsvoll schreiben		

A = groß　　B = mittel　　C = gering
1 = vordringlich　　2 = nachgeordnet　　3 = vorerst nicht

Erfolgsfähigkeiten entwickeln

Fragen:

- Welche Ihrer Erfolgsfähigkeiten wollen Sie als erste weiterentwickeln?
- Welches werden die ersten Schritte zur Aneignung bzw. Verbesserung dieser Erfolgsfähigkeit sein?

Für die meisten ist *die Kunst mit Menschen umzugehen* am wichtigsten. Denn fast jede berufliche Leistung beruht auf Arbeit zugunsten anderer und zum Nutzen anderer.

Leistungen gut verkaufen

Das setzt voraus: Meine Arbeit, mein Nutzen muss einem anderen verkauft werden. Erst die *verwertete* oder verkaufte Leistung ist ein persönlicher Erfolg. So hängt viel davon ab, ob Sie ein guter Verwerter und Verkäufer Ihrer eigenen Leistungen sind (s. S. 43 ff.).

Erfolgreiche Zusammenarbeit mit anderen

Wir müssen auch ein gutes Verhältnis zu unserem Chef anstreben; wir müssen mit Kollegen gut zusammenarbeiten können; wir sollten unsere Mitarbeiter gut führen und motivieren können; wir müssen unsere Kunden so behandeln, dass sie zufrieden sind.

»Kein persönlicher Erfolg kann heute ohne Zusammenarbeit mit anderen erzielt werden. So ist die Kunst, mit Menschen erfolgreich zu arbeiten, für viele der Erfolgsfaktor, der den Ausschlag gibt.«

(G. Großmann)

Soziale Kompetenz

Die »soziale Kompetenz« – die Fähigkeit, gewinnend, überzeugend und durchsetzungsstark gegenüber seinen jeweiligen Partnern auftreten zu können – gilt heute als Schlüsselfähigkeit.

Ihre »sozialen Fähigkeiten« können vom Überzeugen im Einzelgespräch über das Präsentieren vor kleineren Gruppen und dem Moderieren von Arbeitsteams bis zur motivierenden freien Rede vor einem größeren Auditorium reichen.

3.2 Überzeugend Verhandeln

Auch Ihre Fähigkeit, mit den verschiedensten Partnern in unterschiedlichen Situationen geschickt und zielorientiert zu verhandeln, können Sie weiterentwickeln und vervollkommnen.

Gesprächstechniken einüben und anwenden

Dazu müssen Sie das Know-how über das richtige stufenweise *Vorgehen* im Gespräch erwerben (Gesprächstechnik), aber dann mit Trainer und Partnern Ihr verbessertes *Verhalten* regelrecht einüben. Schließlich: das jeweils neu Gelernte planmäßig anwenden und Erfahrungen damit sammeln.

Verhandlungsgeschick gehört zu den komplexen Schlüsselfähigkeiten, die Sie unter Anleitung eines Spitzentrainers mit Partnerübungen weiterentwickeln sollten. Bücher können nur das Grundsätzliche und die Verhandlungsvorbereitung vermitteln.

Fragen:

- Welche Bedeutung hat Ihr Verhandlungsgeschick für Ihre berufliche Zukunft?
- Welche Kurse bzw. Seminare wollen Sie besuchen?

Aufgabe:
Machen Sie einen (Wie-)Plan (s. S. 76), wie Sie in den nächsten Jahren Ihre Verhandlungs-und Kommunikationsfähigkeit steigern wollen! Bestandteil Ihres 5-Jahres-Plans zur Weiterbildung?

1 x 1 des erfolgreichen Verhandelns

Hier nur einige 1 x 1-Regeln für erfolgreiches Verhandeln.

Das A und O der Verhandlungskunst ist die *Vorbereitung*.

Vorbereitung

Beantworten Sie sich *vor* jeder Verhandlung die Fragen:

- Was weiß ich über den *Partner*?
- Was will ich erreichen (Verhandlungs*ziel*)?
- Welche *Themen* sollen angeschnitten werden?
- Welchen *Nutzen* erwartet mein Gegenüber und welchen Vorteil will ich versprechen?
- Welchen Grundnutzen biete ich mit meinem Angebot und welchen *differenzierenden Zusatznutzen* (gegenüber den Wettbewerbern) kann ich ins Feld führen?
- Was sind meine Hauptfakten und *Argumente*?
- Was werden die *Einwände* sein?
- Wie werde ich sie *entkräften* (ohne Gegnerschaft aufzubauen) ?

Schon wenige Minuten Gesprächsvorbereitung anhand dieses Schemas machen Sie erfolgssicherer.

Sich über Partner informieren

Bringen Sie vor jedem wichtigen Gespräch so viel wie möglich *über Ihren Verhandlungspartner* in Erfahrung. Wie wird sein Charakter beschrieben? Was sind seine Steckenpferde und seine besonderen Empfindlichkeiten?

Positive Beziehungsebene herstellen

Versuchen Sie, im Gespräch als Erstes *eine aufgelockert sympathische Atmosphäre* herzustellen. Sie wissen: Erst muss die Beziehungsebene stimmen. Sonst prallt auch das beste Sachargument an der inneren Abwehrhaltung Ihres Partners ab.

Situation des Partners einschätzen

Beginnen Sie nicht mit Argumenten, sondern versuchen Sie zuerst zu erfahren: Wie ist die Interessenlage des Partners? Welchen Bedarf hat er? Was sind seine Hauptprobleme? Was will er mit meiner Hilfe, mit meinem Produkt erreichen? Unser Verhandlungserfolg ist umso wahrscheinlicher, je mehr es uns gelingt, uns wirklich *in die Situation des anderen zu versetzen* und »mit seinem Kopf zu denken« (und »mit seinem Herzen zu fühlen«).

Interesse am Partner

Ihre *Grundeinstellung* sollte sein, Ihrem Partner einen echten Nutzen bieten zu wollen. Seien Sie offen und ehrlich, wach und sensibel. Mangelndes Interesse am Partner und Ungeduld beim Zuhören sind häufige Fehler. Denken Sie auch daran: Wer fragt, der führt.

Nachbereitung

Zur ständigen Verbesserung Ihrer Überzeugungskraft gehört schließlich auch die *Nachbereitung* jeder Verhandlung. (Was habe ich gut/schlecht gemacht? Was will ich künftig anders machen?)

Erfahrungen nutzen

Legen Sie einen *Ordner* zum Thema Verhandeln an, in dem Sie die Vor- und Nachbereitungen zu wichtigen Verhandlungen aufbewahren. Ihre Verhandlungserfolge als Motivationsquelle nutzen! Sammeln Sie auch Beobachtungen, was andere falsch und richtig machen, und formulieren Sie *Maximen* für Ihr künftiges Verhandlungsverhalten.

Steigern Sie Ihr Verhandlungsgeschick nach dem Prinzip *vom Einfachen zum Schweren*. Stellen Sie sich anfangs viele relativ leichte Verhandlungsaufgaben.

Mit leichten Aufgaben beginnen

3.3 Vorträge und Reden halten

Die Fähigkeit, einem Publikum klar, anschaulich und interessant ein Sachthema darstellen zu können, ist heute zweifellos ein erfolgsförderndes »persönliches Kapital«. Wer seine Mitarbeiter für neue Ziele begeistern und Kunden in einem Vortrag für seine Firma und seine Produkte einnehmen kann, verfügt über eine bedeutende persönliche Stärke.

Auch wem rhetorische Begabung nicht in die Wiege gelegt wurde, kann heute freies Reden und öffentliches Auftreten schrittweise *in speziellen Trainings* sicher *erlernen.*

Rhetorische Grundregeln

Die folgenden 15 Tipps enthalten wertvolle fundamental wichtige Grundregeln, die Sie auch als Checkliste für die Vortragsvorbereitung einsetzen können. Entscheidend ist jedoch das Wie Ihres Auftritts, Ihrer Körpersprache und Ihrer Stimmmodulation, das Sie nur durch Übung unter professioneller Anleitung weiterentwickeln können.

15 Tipps für erfolgreiches öffentliches Reden:

1. Erkundigen Sie sich über Ihr Auditorium und dessen *Interessenlage*.
2. Wählen Sie ein *Thema*, das von vornherein Interesse findet.
3. Investieren Sie viel Zeit in die *Stoffsammlung*.
4. Verwenden Sie für die *Vorbereitung* zehnmal so viel Zeit wie für die Rede.
5. Wiederholen Sie nicht Bekanntes, sondern bringen Sie möglichst nur *Neues* und Abweichendes, vielleicht sogar Provozierendes und Aggressives.
6. *Hinterfragen* Sie gängige Lehrmeinungen, melden Sie Ihre Zweifel an.
7. Zeigen Sie *Gefahren* und *Bedrohungen* auf – und sagen Sie, was dagegen zu tun ist.
8. Bringen Sie *Beispiele*, fügen Sie *Aktuelles* und *Humorvolles* ein. Ihre Zuhörer wollen lieber unterhalten als belehrt werden.
9. Bauen Sie *rhetorische Fragen* ein.
10. Reduzieren Sie den Inhalt auf *Wesentliches*.
11. Lassen Sie sich *wirkungsvoll vorstellen*.
12. Richten Sie *Fragen an das Publikum*; lassen Sie abstimmen.

13. Unterstützen Sie Ihre Aussagen durch *Folien*.
14. Keinesfalls ablesen. *Frei sprechen* (anhand von Stichworten).
15. *Anfang* und *Schluss* sind entscheidend. Lernen Sie diese Sätze auswendig.

Fragen:

- Wie hoch schätzen Sie Ihre gegenwärtigen rhetorischen Fähigkeiten ein?
- Welche Bedeutung könnte eine wesentliche Verbesserung dieser Fähigkeiten für Ihren künftigen persönlichen Erfolg haben?
- Inwieweit halten Sie sich in dieser Beziehung für entwicklungsfähig?
- Was wollen Sie konkret tun, um diese Fähigkeit in den nächsten 5 Jahren zu trainieren und auszubauen (s. S. 25)?

3.4 Mitarbeiter führen und motivieren

Was heißt Führung?

Beim Führen im Bereich der Wirtschaft geht es darum, Mitarbeiter dazu zu bringen, bestimmte Ziele zu erreichen.

Unter Führung im engeren Sinne versteht man die Auswahl und den richtigen Einsatz von Mitarbeitern, deren stetige Weiterentwicklung (Qualifikation,Weiterbildung) und Motivation sowie Organisation und Kontrolle.

Mitarbeiterführung = wichtigste Erfolgsfähigkeit

Menschen richtig einsetzen, führen und motivieren zu können, bleibt die wichtigste Erfolgsfähigkeit von Unternehmern und Führungskräften. Die häufigsten Managerprobleme sind personale und nicht sachliche Probleme. Mitarbeiterführung ist zugleich eine der komplexesten und schwierigsten Fähigkeiten, die nur in einem Wechsel von Erfahrung und professionellem Training verbessert werden kann. Ich verzichte deshalb auf Anregungen und Verhaltensregeln.

Nehmen Sie den Ausbau Ihrer Führungsfähigkeiten in Ihren 5-Jahres-Plan zur Weiterbildung auf.

Fragen

- Wie wichtig sind meine Führungseigenschaften im Hinblick auf meine beruflichen Zukunftsziele?
- Wie gut kann ich führen?
- Worin sollte / könnte ich mich verbessern (Entwicklungspotentiale)?
- Enthält mein 5-Jahres-Plan zur Weiterbildung auch Führungsfähigkeiten?
- Was will ich als Erstes tun?

4. Sein Können optimal einsetzen

„Was gibt Ihnen die Zuversicht, der richtige Mann für unsere Abteilung zu sein?“

4.1 Die große Alternative, mehr Nutzen zu bieten

»Niemand wird Sie an den Platz stellen, an dem Sie den größten Nutzen bieten können, wenn Sie es nicht selbst tun.«
(G. Großmann)

Zwei große Stoßrichtungen hat das systematische Streben nach größerem persönlichen Erfolg:

- Sein Können und seine Motivation steigern und
- sein Können besser einsetzen, nutzen und verwerten.

Ihre Fähigkeiten optimal einsetzen

Es genügt nicht, dass Sie Ihre Fähigkeiten und Kenntnisse systematisch ausbauen. Sie müssen sich auch das Ziel setzen, *die Berufsaufgabe zu finden, in der Sie Ihre Talente optimal nutzen und höchstmögliche Erfolge erzielen können.* Sie müssen Ihre Arbeitskraft auch bestmöglich verwerten, vermarkten und verkaufen.

Stärken nutzen

Meine empirische Schätzung ist, dass höchstens 15 % der Führungskräfte und qualifizierten Angestellten ihr Stärkenprofil zu mehr als 80 % nutzen; 70 % nutzen es zu 20 % bis 80 % und 15 % zu weniger als 20 %. *Die meisten könnten somit das Ergebnis ihrer Arbeit allein durch besseren Einsatz ihrer Kräfte verdoppeln.*

Als Unternehmer

Als *Unternehmer* können Sie unter dem Aspekt der optimalen Verwertung Ihres eigenen Könnens überlegen,

- das Unternehmen unverändert weiterzuführen,
- das Tätigkeitsspektrum der Firma auszuweiten/ einzuengen,
- die Schwerpunkte der eigenen Tätigkeit im Unternehmen zu verlagern,
- das Unternehmen zu veräußern und eine andere Aufgabe zu wählen.

Frage:
Entspricht meine derzeige Aufgabe als Unternehmer optimal meinen Stärken und Wünschen, meinem Eignungs- und Neigungsprofil?

Bei Erbschaft

Haben Sie Ihr Unternehmen als *Erbe* übernommen, entsprechen die gestellten Anforderungen nur selten Ihren Begabungsschwerpunkten und Neigungen. Lernen und trainieren Sie gezielt, so viel Sie können. Ihr Unternehmen ist nur so viel wert wie Ihre unternehmerischen Fähigkeiten.

Als Angestellter

Als *Angestellter* haben Sie die Möglichkeit,

- im Unternehmen zu bleiben und
  - die bisherige Aufgabe beizubehalten oder
  - die Aufgabe zu wechseln,

  (gute Karriereaussichten / wenig Zukunft?)
- das Unternehmen zu wechseln,
- sich selbständig zu machen.

Arbeitsplatzwechsel aus Unzufriedenheit

Arbeitnehmer *wechseln* im Durchschnitt alle drei Jahre ihren *Arbeitsplatz*. Nur jeder vierte »Umsteiger« wird jedoch vom Arbeitsamt vermittelt. Die *Hauptmotive* für die Stellungssuche sind Unzufriedenheit mit der bisherigen Aufgabe, Kündigung bzw. Kündigungsgefahr, Aufstieg bzw. Aufstiegschancen, Einkommensverbesserung, Erfahrungsgewinn und Ortswechsel.

Als *Angestellter* stellen Sie sich die *Leitfrage*:

In welchem Unternehmen kann ich in der Berufsaufgabe (Stellung) größten Nutzen bieten?

Machen Sie zunächst eine *Bestandsaufnahme*:

- Meine Kenntnisse, Fähigkeiten, Erfahrungen und Neigungen (Eignungs- und Neigungsprofil)?
- Welche Berufe/Berufsaufgaben kann ich damit ausüben, welchen Nutzen kann ich bieten?
- Schließen Sie auch ausgefallene Möglichkeiten nicht von vornherein aus.

- Wem – welchen Branchen, Unternehmen, Organisationen – kann ich mit meinem Stärkeprofil Nutzen bieten, und wo liegen die größten Chancen?

- In welchen Kenntnissen, Fähigkeiten usw. liege ich über allem Durchschnitt, was kann ich besonders gut, welches sind meine Stärken?

- Was macht mir am meisten Spaß (Neigungen)? Wie (wo) kann ich mich weiterentwickeln (Kenntnisse, Fähigkeiten, Erfahrungen hinzuerwerben)?

- Welches sind meine längerfristigen Berufs- und Karriereziele?

4.2 Wie soll Ihr Traumberuf aussehen?

Kriterien für die Stellungssuche

Nach diesen Vorüberlegungen gilt es, die wesentlichen *Ziel-Kriterien* für die nächste Stellung festzulegen:

- Interessante Aufgabe / Funktion?
- Bevorzugte Branche / Firma? Mit Zukunft bzw. Wachstum?
  - Bisherige Branche / andere Branchen? –
  - Wo besteht Bedarf für meinen Beruf?
- Aufstieg bzw. Aufstiegschancen?
- Erfahrungsgewinn und Entwicklungsmöglichkeiten?
- Position / Hierarchieebene / Verantwortungsumfang?
  - Gleich?
  - Größer?
- Entgelt?
- Nebenleistungen (Firmenwagen, Pensionszusage usw.)?
- Ort ? –
  - Inland / Ausland?
  - »Heimat«/ neues Umfeld?
  - Schulen? –
  - Arbeitsmöglichkeiten für Partner?
- Arbeitszeit? –
  - Überstunden erwartet?
  - Viel unterwegs?
- Qualität des Unternehmens?
  - Zukunftssicher (Wachstum, Gewinn)?
  - Image?
  - Eigentumsverhältnisse (Einzelunternehmer, Familiengesellschaft, AG, Auslandsmehrheit)?
  - Arbeitsklima (»Taubenschlag«)?
  - Chemie zum künftigen Chef?
- Passt die Aufgabe zu meinem langfristigen Berufsziel?

Aufgabe:
Markieren Sie in der oben stehenden Liste, welches die wichtigsten Kriterien für Sie sind.

4.3 Wie Sie das Beste aus sich machen

Mehr Leistung durch Stärken-Nutzung

1. Es geht nicht in erster Linie darum, für gleiche Leistung einen höheren Preis zu erzielen, sondern eine Aufgabe zu finden, in der Sie durch bessere Stärken-Nutzung mehr *leisten* und somit auch besser verdienen können. Pflanzen Sie sich dort ein, wo der Baum Ihrer Talente die größten Früchte trägt.

Alle Hauptstärken einsetzen

2. Sie sollten möglichst *alle* Ihre Hauptstärken voll einsetzen können. (Setzen Sie alle Segel!) Viele könnten ihr Einkommen sofort sprunghaft erhöhen, wenn sie nicht wesentliche Talente einfach brachliegen ließen.

Zufriedenheit

3. Selbstverwirklichung bedeutet: »Die volle Anwendung und Nutzung der Talente, Kapazitäten und Fähigkeiten.« (Maslow). Das Gefühl, Ihre Stärken voll nutzen und sich voll entfalten zu können, gibt Ihnen auch große innere Befriedigung.

Branchenerfahrung nutzen

4. Sehr häufig bevorzugen die Unternehmen Bewerber mit *branchen-spezifischen Berufserfahrungen*. Deshalb sollten Sie sich vor allem für Stellen bewerben, bei denen Ihnen Ihr Branchenwissen zugute kommt. Engen Sie aber Ihren »Markt« nicht von vornherein unnötig ein, wenn Sie über funktions-spezifisches Können (z. B. Vertrieb, Rechnungswesen, Fertigung, Physik) verfügen, das auch *außerhalb* Ihrer bisherigen Branche genutzt werden kann.

5. Unternehmen suchen für gegebene Aufgaben die oder den Bestgeeignete(n). *Ausgangspunkt* ist das *Anforderungsprofil*. Sie fragen nicht (oder selten): Wo können wir die Stärken des Herrn X mit dem größten Nutzeffekt einsetzen? Sie können deshalb nicht erwarten, dass ein Unternehmen einen Arbeitsplatz für Sie sucht, wo Sie sich am besten entfalten können *(Ausgangspunkt: Fähigkeiten-Profil)*. Darum müssen Sie sich vor allem selbst kümmern.

Anforderungsprofil beachten

6. Nur eine Minderheit der Unternehmen bemüht sich darum, jüngere Menschen durch wechselnde und wachsende Aufgaben sowie durch Weiterbildung systematisch zu entwickeln *(Personalentwicklung)*. Sie sollten in jedem Fall den aktiven Part dabei spielen.

Eigeninitiative für Weiterbildung

7. Besonders in jüngeren Jahren sollte man alle drei bis fünf Jahre *seine Aufgabe wechseln* und dabei möglichst auch einmal ins Ausland gehen. Je mehr einem eine Firma ermöglicht, in recht unterschiedlichen Aufgaben und Bereichen Erfahrungen zu gewinnen, umso weniger ist ein Firmenwechsel geboten.

Aufgaben wechseln

8. Der Aufstieg in *einem* Unternehmen hat manche Vorteile:

Vorteile von Unternehmenstreue

- Man kennt die Kultur des Unternehmens und hat »Stallgeruch«;
- man verfügt über ein nützliches Netzwerk von internen Partnern und informalen Beziehungen;
- Bekanntheit, Ansehen und Sympathien erleichtern die Arbeit;
- bei verlässlichem Leistungsverhalten sind Arbeitsplatz und Aufstieg relativ sicher.

Marktwert testen

9. Auch wenn Sie zufrieden sind mit Ihrer gegenwärtigen Aufgabe, sollten Sie ab und zu feststellen, wie sich die Nachfrage nach Leuten Ihrer Qualifikation entwickelt und wie Ihr aktueller *»Marktwert«* wäre.

Zum Ortswechsel bereit

10. Manche engen ihre Entwicklungschancen auf fünf Prozent ihrer Möglichkeiten ein, indem sie von vornherein festlegen, dass sie nur in einer bestimmten *Region* (z. B. München oder Köln) tätig sein wollen. Bleiben Sie möglichst mobil; die Welt sei Ihr Feld.

Eigen-PR

11. Versuchen Sie Hervorragendes zu leisten, und sorgen Sie (mit viel Fingerspitzengefühl) dafür, dass sich das auch herumspricht. Seien Sie kontaktfreudig, beteiligen Sie sich an Aktivitäten außerhalb Ihres Unternehmens, übernehmen Sie Ehrenämter. Pflegen Sie *die Kunst, umworben zu werden*. Ein mir bekannter Top-Manager machte seine Karriere in fünf Unternehmen, ohne sich je zu bewerben.

Sorgfältige Bewerbung

12. Bereiten Sie Ihre *Bewerbungen* und Vorstellungen äußerst sorgfältig vor. Als Bewerbungsempfänger ist man immer wieder überrascht, wie wenige Interessenten es verstehen, sich durch die äußere Qualität, die Wortwahl und den Aufbau ihrer Unterlagen von vornherein positiv zu profilieren. Nutzen Sie die z. T. sehr hilfreiche Ratgeber-Literatur. Erwägen Sie auch eine spezielle Beratung oder ein Interview-Training.

Fehlentscheidung schnell korrigieren

13. Unternehmen greifen auch bei sorgfältigem Vorgehen bei der Bewerberauswahl oft daneben. Das kann Ihnen als Bewerber auch passieren. Korrigieren Sie eine *Fehlentscheidung* möglichst schnell.

Es genügt nicht, Ihr Können bis zur Höchstform zu entwickeln. Sie müssen auch bereit sein, größte Anstrengungen auf sich zu nehmen, um die Berufsaufgabe zu finden, in der Sie Ihre Stärken voll entfalten und größten Nutzen bieten können. Nur wenn Sie »alle Segel setzen« und alle Ihre persönlichen Trümpfe ausspielen, machen Sie aus einem Spitzen-Können auch einen Spitzen-Erfolg. Lernen Sie Ihre Talente optimal einzusetzen, zu verwerten, zu vermarkten und zu verkaufen.

5. Hochmotiviert erreichen Sie mehr

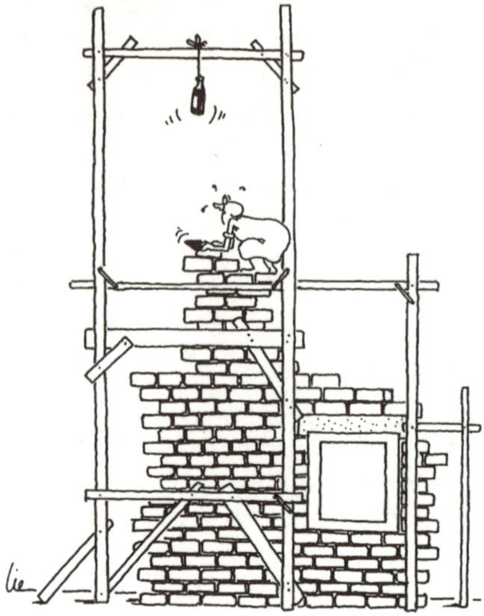

5.1 Motivation als Erfolgs-Komponente

Können genügt nicht

Kein Zweifel: Hochmotiviert erreichen wir mehr. Klug und kompetent zu sein, genügt nicht. Zum Können muss das Wollen kommen.

Wir brauchen engagierte Chefs, die für ihre Ziele begeistern können. Und wir wünschen uns motivierte Mitarbeiter, die »mit Leib und Seele« mitziehen.

Je stärker unser Interesse an unserer Arbeit, je faszinierender unser Ziel, umso größer die Erfolgschance. *Motivation ist ein entscheidender Erfolgsfaktor.*

Ein mir befreundeter Unternehmer ist trotz ungewöhnlicher Begabungsschwächen außerordentlich erfolgreich.

Motivation kompensiert Schwächen

Mit seiner vor Energie berstenden Tatkraft und seinem unbeugsamen Erfolgswillen erinnert er mich immer wieder an eine Dampfwalze. Motivation ist *sein* Erfolgsfaktor.

Wenn motiviert zu sein so wichtig ist: Können wir unsere eigene Motivation selbst beeinflussen? Können wir uns wie Münchhausen selbst am Schopf aus dem Sumpf ziehen? Und wie kann das geschehen?

Nach meiner Trainingserfahrung ist die vorherrschende Meinung: Mich motivieren, das müssen andere tun. Aber selbst von begeisterungsfähigen Chefs erhalten wir zu wenig Streicheleinheiten. Und wer motiviert die Chefs und die Unternehmer? Wann lobt uns schon mal ein Kunde?

Motivieren Sie sich selbst

Können und Wollen sind die beiden großen Triebkräfte unseres Erfolges. Wie wir motiviert sind, ist oft sogar erfolgs-entscheidend. Von anderen werden wir im normalen Berufsalltag jedoch viel zu wenig gelobt und anerkannt. Deshalb müssen wir die eigene Motivation selbst in die Hand nehmen!

5.2 Was bestimmt meine Motivation?

»Die Quelle unserer Tatkraft ist das Ziel.«
(G. Großmann)

Warum ist der eine ein hochaktiver »Energiebolzen«, der andere ein desinteressierter und antriebsschwacher »Stundenabsitzer«?

Interesse an der Aufgabe

Sicher sind Tatendrang und Arbeitslust auch Veranlagungssache. Aber in erster Linie hängt unsere Motivation *von der jeweiligen Aufgabe ab.* Die eine Arbeit interessiert, fasziniert und begeistert mich, und ich bin bereit, Tag und Nacht dafür zu arbeiten. Ein anderer »Job« dagegen ödet mich an, und ich wäre »nicht für viel Geld« bereit, die Sache zu übernehmen.

Finanzieller Erfolg

Neben der unmittelbaren Befriedigung aus einer Arbeit (intrinsische Motivation) spielt natürlich auch der in Aussicht stehende finanzielle Erfolg (extrinsische Motivation) und die Erfolgswahrscheinlichkeit eine Rolle.

Erste Folgerung: Unser unmittelbares Interesse an einer Arbeit und an einem Ziel ist meist der stärkste und nachhaltigste Motivator. Somit ist die richtige Wahl unserer Ziele das wichtigste Mittel, uns selbst zu motivieren.

5.3 Vom Vorteil, hochmotiviert zu sein

»Die Kraft zu wollen – und zwar ein Ziel so lange zu wollen, bis es erreicht ist, bis der Wollende auf seinen Sieg, auf seine Beute mit Stolz blicken kann – diese Kraft unterscheidet die Persönlichkeit von der Masse.«

(G. Großmann)

Engagement erhöht Erfolgschancen

Sie haben sicher schon selbst erfahren: Wenn Sie mit starkem Interesse, mit Engagement, Schwung und Zuversicht an eine Sache herangehen, haben Sie *vielfach höhere Erfolgschancen* als ein Gleichgültiger oder gar ein »innerlich Emigrierter«.

Motivation erhöht Leistung

Wer hochmotiviert ist, leistet viel; wer desinteressiert ist, leistet wenig. Motivation und Leistung laufen parallel. Euphorie, Begeisterung und Engagement bewirken starke Dynamik, Spitzenleistung, hohe Kreativität und Überzeugungskraft. Gleichgültigkeit führt zu unterdurchschnittlicher und fehlerhafter Leistung. Widerwillen gegen eine Tätigkeit kann sogar Leistungsverweigerung, Unruhestiftung und Sabotage auslösen.

Spitzenleistung durch Begeisterung

Motivation	hoch	Leistung
Begeisterung, volle Identifikation, Besessenheit		kreatives Mitdenken, »sein Bestes geben«, Spitzenleistung
Engagement, überwiegend positive Einstellung zur Aufgabe, kein voller Einsatz		in der Regel gute Leistung, bleibt hinter seinen Möglichkeiten zurück
halbherziges Interesse an der Arbeit		mittlere Quantität und Qualität der Leistung
innere Emigration, Job-Denken		unterdurchschnittliche fehlerhafte Ergebnisse
Widerwillen gegen Aufgabe und Leistungsempfänger	niedrig	Aufhetzen von Kollegen, Sabotage, Obstruktion

Unverzichtbar bei anspruchsvollen Aufgaben

Je anspruchsvoller die Aufgabe, umso wichtiger ist die Motivation. Künstlerische, schöpferische, innovative und unternehmerische Leistungen lassen sich nur mit hohem Engagement und bei völliger Hingabe erzielen. Ein schwach motivierter Manager wird auch seine Mitarbeiter nicht mitreißen können.

»In dir muss brennen, was du in anderen entzünden willst.«

(Augustinus)

Vorteile von motiviertem Arbeiten

Welche *Vorteile* wollen Sie durch Selbstmotivation erreichen?

- Ich habe Freude an der Arbeit.
- Ich beginne jeden Tag mit Schwung und Energie.
- Meine Arbeit interessiert mich.
- Ich setze meine ganze Kraft ein, ohne mich anzustrengen.
- Ich bin fast immun gegen Rückschläge und Misserfolge.
- Ich begeistere Vorgesetzte, Kollegen und Mitarbeiter für unsere Aufgaben.
- Ich bin durchsetzungsfähig und kämpferisch.
- Ich verfüge über eine positive Ausstrahlung.
- Auch Unangenehmes packe ich ohne Zögern an.
- Ich trete sicher, selbstbewusst und zuversichtlich auf.
- Ich bin einfach ringsum erfolgreicher.

Aufgabe:
Ergänzen Sie gegebenenfalls die oben stehende Liste und heben Sie die Vorteile, die Sie erringen wollen, mit einem Marker hervor.

5.4 Die positive Sicht der Dinge

Positive Einstellung zu uns selbst

Unser Schwung, unser Tatendrang und unsere »Schaffenslust« hängen nicht nur von unseren objektiven Lebensumständen, sondern auch von unserer *Einstellung* zu uns selbst und zu unserer Situation ab. Bemühen wir uns also um eine ausgewogene und eher positive »Sicht der Dinge«.

Selten sind Ereignisse und Situationen *nur* positiv oder *nur* negativ zu sehen. Es kommt darauf an, die Minus- und Plus-Zeichen jeweils in der richtigen Proportion zu erkennen.

»Es ist ein Zeichen von Intelligenz,
in jeder Situation auch das Positive zu sehen.«
(Prof. William James)

Bremsklötze weg!

Prof. Johannes C. Brengelmann, München, hat in einer umfassenden Untersuchung jeweils fünf Kriterien heraus gefunden, die den persönlichen Erfolg stark negativ oder positiv beeinflussen. »Negative Lebensbewertung« gehört zu den fünf großen Bremsklötzen. Streben Sie eine möglichst lebensbejahende und optimistische Lebensauffassung an.

Seine Gedanken beherrschen

Lassen Sie sich nicht von negativen Gedanken beherrschen, sondern beherrschen Sie Ihre Gedanken! *Sie* können bestimmen, *woran* Sie denken. Und Sie können auch selbst entscheiden, *wie* Sie die Dinge sehen und beurteilen.

Folgende Fragen können Ihnen helfen, zu einer positiven Sicht Ihrer Situation und Ihrer Zukunft zu finden:

- Das Positive an meiner derzeitigen beruflichen Situation?
- Das Positive in meinem privaten Bereich?
- Meine wichtigsten Erfolge?
- Was sehe ich an mir selbst positiv, was sind meine Stärken? (Worauf bin ich stolz, worauf gründet sich mein Selbstvertrauen?)
- Wer ist für mich in seiner positiven Lebenseinstellung ein Vorbild?
- Was kann ich an der gegenwärtigen Situation nicht ändern, und was nehme ich deshalb vorbehaltlos an (unglückliche Umstände, »Ungerechtigkeit des Schicksals« usw.)?
- Was erwarte ich von der Zukunft Positives?

Positive Grundhaltung

Unsere Einstellung zu uns selbst, zu unseren Mitmenschen und zu unserer Arbeit ist fast genauso wichtig wie die Realität, in der wir leben. Bemühen Sie sich darum, in allen Lebenslagen vor allem auch die positiven Seiten zu sehen. Eine positive Grundhaltung ist ein wichtiger Schritt auf Ihrem Weg zur Hochmotivation.

5.5 Stimmung und Motivation

Motivation ist die Intensität unseres Wollens, mit der wir eine bestimmte Aufgabe oder ein bestimmtes Ziel verfolgen. Motiviert-Sein ohne Ziel ist undenkbar.

Begriff »Stimmung«

Der Begriff »Stimmung« ist dagegen nicht zielbezogen. Auch in guter Stimmung sind wir nicht für jegliche Aufgabe motiviert.

Gegenseitige Beeinflussung

Stimmung und Motivation sind also zweierlei. Aber sie beeinflussen sich gegenseitig.

Erbanlagen und Erziehung bestimmen zu einem guten Teil, ob wir eher zu den übellaunigen Schwarzsehern oder zu den fröhlichen Optimisten zählen. Trotzdem *können wir unsere Stimmung selbst stark beeinflussen.*

Stimmungsschwankungen

Unsere Stimmung ist oft *starken Schwankungen* unterworfen. Wir erleben Freude und Ärger im Wechselbad. Immer bester Laune zu sein, ist unmöglich.

Aber wir können mehr heitere Stunden anstreben und die von Ärger und Sorgen belasteten Tage vermindern. Für meinen Vater war die Zeitplanung vor allem ein Mittel, um sich möglichst viele glückliche Tage zu gestalten. Deshalb nannte er das von ihm erfundene Zeitplanbuch auch das »Glückstagebuch«.

Systematische Stimmungspflege

Viele Elemente unseres Systems zur Selbstrationalisierung sind darauf ausgerichtet, uns »bei Laune zu halten« und systematische Stimmungspflege zu betreiben. Das reicht von der Frage nach den gegenwärtigen Sorgen in unserer Situations-Analyse (s. S. 11) über das wohlbefinden-fördernde Fitnessprogramm (s. S. 119) bis zum motivierenden Tages-Rahmenplan (s. S. 93) und der Zensierung jedes Tages. So verschaffen wir uns immer wieder positive Stimmungsimpulse.

Was bestimmt Ihre Stimmung?

Die relevanten Stimmungs-Faktoren sehen bei jedem anders aus. Deshalb müssen Sie zum einen herausfinden und festhalten, was *Sie* in gute Laune bringt, was

Sie glücklich macht und was *Ihre* Stimmung hebt; und andererseits: was *Sie* verstimmt, was *Sie* verärgert und was *Sie* bedrückt.

»Die Stimmung bestimmt!« In guter Laune werden wir uns eher für eine Aufgabe begeistern und engagieren. Machen Sie Ihre gute Grundstimmung zum Fundament Ihrer Hochmotivation.

5.6 Motivation und Ausdauer

Viele begeistern sich schnell für ein neues Ziel. Am Anfang sind Elan und Engagement groß, doch nach Tagen, Wochen und Monaten bekommt unser Wunschziel Falten. Es erweist sich als Strohfeuer. Neue und jüngere Ziele und Absichten verdrängen die älteren Vorsätze.

Doch wir dürfen nicht tausend Dinge anfangen und nichts zu Ende bringen. Aus meiner Beratungstätigkeit weiß ich: Manche sind wahre »Ruinenbaumeister«.

Motivation neu beleben

Wirklich große und entscheidende Dinge können wir nicht an einem Tag vollbringen, dafür brauchen wir Monate und oft Jahre. Deshalb müssen wir lernen, unsere Motivation wachzuhalten, ihr Ausdauer zu verleihen und sie immer wieder neu zu beleben und anzufachen.

Ausdauer und »langer Atem« sind wichtige Erfolgs-Zutaten.

Zielbeschreibung gibt Auftrieb

Ein bewährtes Mittel ist die motivierende Zielbeschreibung. Schildern Sie auf einigen Seiten Ihr Ziel in glühenden Farben. Stellen Sie auch anschaulich dar, welche Hoffnungen und Erwartungen Sie am Startpunkt erfüllen und was Ihnen auf dem Weg zum Ziel Freude machen wird. Mit einer solchen begeisternden Zielbeschreibung können Sie Ihre Motivation immer wieder auffrischen. Wer sich große und langfristige Ziele setzt,

Teilziele definieren

sollte Teilziele definieren und terminieren. Der Blick auf das nah erreichbare *Etappenziel* gibt uns Auftrieb.

Fortschritte visualisieren

Ihre Fortschritte in der Zielerreichung sollten Sie möglichst eingänglich *visualisieren* (z. B. mit Graphiken, Diagrammen, Mindmaps). Denn anders als beim Holzhacken werden die Teilergebnisse unserer meist komplexen Arbeit nicht oder nicht ausreichend sichtbar.

Sich belohnen

Schließlich sollten wir uns für jeden Etappensieg *belohnen* und ihn angemessen feiern.

5.7 Ein Programm zur Hochmotivation

a) Wie stark bin ich motiviert?
Meine Motivation ist im Allgemeinen

1	2	3	4	5	6	7	8	9
sehr schwach								sehr hoch

b) Verfolge ich meine Hauptziele hochmotiviert?

c) Bin ich immer ausreichend motiviert, auch das Unangenehme, aber Notwendige zu tun?

d) Was werde ich tun, um meine positive Lebenseinstellung noch zu verbessern?

e) Erstrebe ich meine Hauptziele auch mit meinem ganzen Wollen und Sehnen? (Die motivierende Aufgabe ist das Motivationsmittel schlechthin.)

f) Habe ich eine Berufsaufgabe, bei der sich mehr Leistung deutlich in mehr Einkommen niederschlägt? (Leistung soll sich lohnen.)

g) Woran messe ich meinen Erfolg?

h) Visualisiere ich meine Fortschritte? (Veranschaulichen Sie auch Teilergebnisse, feiern Sie Etappenziele!)

i) Was motiviert mich?

j) Was demotiviert mich?

k) Was werde ich unternehmen, um künftig meine Motivationen zu erhöhen und Demotivationen zu vermeiden?

l) Stimmungspflege: Welche Möglichkeiten sehe ich, meine Stimmung positiv zu beeinflussen?

m) Selbstmotivation durch Zeitmanagement: Probieren Sie die im Kapitel Zeitmanagement (s. S. 83 ff.) gegebenen motivationsfördernden Anregungen aus.

n) Motivation durch Gesundheit: Nutzen Sie alle Anregungen unseres Kapitels »Gesundheit« (s. S. 116 ff.), um sich von stimmungsbelastenden körperlichen Einflüssen (Schmerz, Müdigkeit) möglichst freizuhalten und sich durch Ihre Fitness-Aktivitäten (Dauerlauf, Entspannung) mit seelischen Energien aufzutanken.

6. Ziele durchführbar machen, Probleme lösen

»Leben ist Probleme lösen.«

(K. Popper)

6.1 Den Weg zum Ziel planen

Sich große und herausfordernde Ziele zu setzen ist wichtig, aber es genügt nicht.

Klarheit über den Weg zum Ziel

Wir müssen unsere Vorhaben und Vorsätze auch *durchführen*, und zwar mit größtmöglicher Sicherheit und Wahrscheinlichkeit. Das verlangt Klarheit über den

Weg zum Ziel und über die notwendigen Einzelschritte. Je größer, anspruchsvoller und komplexer unsere Ziele sind, umso undeutlicher wird das Wie der Zielerreichung.

Zieler-reichung planen

Zielerreichungsplanung soll in Ihrem System der Selbstrationalisierung die Brücke vom Ziel zur Durchführung schlagen, vom Wunsch zur Wirklichkeit. Sie hilft uns, unlösbar erscheinende oder schwierige Aufgaben lösbar zu machen.

Systematisches Denken

Der fast triviale Grundgedanke dabei ist, dass uns *vorausschauendes Nachdenken* über die Zielerreichnung wesentlich erfolgssicherer macht. Eine höhere und wirkungsvollere Form des schlichten Denkens ist ein schrittweises Aneinanderreihen von Denkprozessen nach bewährten Abläufen (methodisches oder systematisches Denken). In der Regel ist es ein papiergestütztes Denken, das zu einem Plan führt. »Plan = Entwurf, in dem ein Ziel und seine Verwirklichung gedanklich vorweggenommen werden (Planung) in der Absicht, den gewünschten Effekt möglichst sicher und ohne Umwege zu erreichen.« (Brockhaus Enzyklopädie)

Sorgfältiges Planen= erhöhte Erfolgs-chancen

Planung ist also die gedankliche Vorwegnahme des Weges zum Ziel. Dabei werden Varianten und Alternativen nicht in Wirklichkeit probiert (wie etwa beim »trial and error«), sondern nur in der Phantasie durchgespielt (was wäre, wenn ...). Ergebnis: *Sorgfältiges Planen erhöht die Chance, erfolgreich zu handeln.*

Umgekehrt gilt:

> *»Erfolgsarmut ist bis auf ganz wenige Ausnahmen die Folge einer unrationellen und liederlichen Erfolgsvorbereitung.«*
>
> (G. Großmann)

Einzelheiten durchdenken

Es geht also darum, die Durchführung einer Aufgabe in allen notwendigen Einzelheiten zu beschreiben. Auf den einfachsten Nenner gebracht:

»Planen heißt feststellen und niederschreiben,
durch welche Mittel und Maßnahmen
ein Ziel verwirklicht werden soll.«
(G. Großmann)

Problem = Hindernis vor dem Ziel

Sie kennen Probleme: Etwas akademisch beschrieben, liegt ein *Problem* vor, wenn zwischen einem mängelbehafteten Ist-Zustand und einem wünschenswerten Soll-Zustand ein Hindernis liegt, für dessen Beseitigung (oder Umgehung) wir noch keinen (befriedigenden) Lösungsweg kennen.

Lösungen »aus dem Ärmel«

Im beruflichen Alltag werden die allermeisten Fragen aus dem Erfahrungswissen, nach branchenüblichen Vorgehensweisen, im Gespräch mit Mitarbeitern, Kunden oder Experten ohne Anwendung besonderer Planungs- und Lösungsmethoden bewältigt.

Aber auf Führungskräfte und Unternehmer kommen naturgemäß stets die schwierigeren Probleme zu, die mit bekannten Routinen und branchenüblichen Verfahren »weiter unten« nicht gelöst werden können.

Problemlösungskompetenz

Deshalb sieht der Münchener Betriebswirtschaftler Prof. Werner Kirsch das Probleme-Lösen-Können als die Kernfähigkeit des Unternehmers an. Problemlösungskompetenz wird zunehmend als eine Schlüsselqualifikation eingeschätzt.

Trotz beachtlicher Fortschritte auf dem Methodik-Gebiet in den letzten Jahren gibt es weiterhin kein Patentrezept, wie man jegliches Ziel erreichbar machen oder jedes Problem lösen könnte. *Durch Anwendung einfacher und bewährter Vorgehensweisen können Sie jedoch Ihre Ziele schneller und mit wesentlich höherer Wahrscheinlichkeit erreichen.* Prof. Bernd Rohrbach, einer der international führenden Experten für Problemlösung und Ideenfindung: »Wer systematisch an die Lösung eines Problems geht, hat eine 20-mal höhere Chance, es erfolgreich zu lösen.«

Systematische Problemlösung

Bereiten Sie besonders Ihre größeren und schwierigeren persönlichen und beruflichen Ziele planmäßig vor. Beschreiben Sie den Weg zum Ziel, bevor Sie ihn gehen. Mit Hilfe einfacher Zielerreichungs-Methoden können Sie auch größere Ziele und Probleme anpacken und erfolgreich lösen.

6.2 Grundschritte der Problemlösung

»Es gibt keinen höheren Genuss als den, zu wollen und, von der Kraft des Willens angetrieben, sich auf das Ziel zu stürzen, den Weg sich zu bahnen bis zu diesem Ziel.«
(G. Großmann)

Jedes Vorgehen bei der Realisierung eines Zieles lässt sich in sechs Schritten beschreiben.

Sechs Grundschritte

1. Problemsuche und -wahrnehmung

Als Erstes müssen wir Mängelzustände, Schwachstellen, Gefahren suchen und entdecken. Oft kommen Schwierigkeiten und Störungen allerdings auch massiv als »brennende Probleme« auf uns zu.

Probleme erkennen

2. Problemverständnis und -durchdringung

Oft stehen wir vor »schlecht strukturierten« Problemen. Wir erkennen, dass etwas nicht in Ordnung ist, sehen negative Symptome, ohne jedoch sofort »auf des Pudels Kern« zu stoßen. Deshalb ist es wichtig, erst einmal mit sehr allgemeinen Fragen das Problemknäuel zu entwirren: Worum geht es eigentlich? Was steckt dahinter? Was ist »das Problem hinter dem Problem«? Was sind die Ursachen des Problems? *Die genauere Erkenntnis der Problem-Ursachen führt meistens bereits zur Lösung.* Je gründlicher wir das Problem durchdringen, je sorgfältiger wir alle relevanten Daten und Fakten recherchieren, umso leichter und sicherer finden wir Lösungswege. Beschreiben Sie vor allem alle negativen Elemente der Ist-Situation, die einer Änderung bedürfen.

Problem – Ursachen erkennen

3. Ziel-Definition

Der englische Planungsexperte Keith F. Jackson hält die Definition des Problems für den wichtigsten Schritt der Problemlösung: »Ein in aller Klarheit erkanntes Problem ist bereits halb gelöst.« (»Die Kunst der Problemlösung«, 1984, Landsberg, mvg.) Ähnlich Gustav Großmann im Hinblick auf das Ziel: »Es gilt, das Bild des ideal verwirklicht gedachten Zieles mit wenigen Sätzen so scharf zu zeichnen, wie ein guter Fotoapparat es tut.« Beschreiben Sie die anzustrebende Soll-Situation und leiten Sie daraus die Zielformulierung ab.

Ziele knapp und präzise beschreiben

4. Suche nach Lösungen

Auch wenn es nur darum geht, überhaupt eine Lösung zu finden, sollte man von Anfang an *viele* Lösungsansätze und -varianten produzieren. Dies gilt natürlich erst recht bei der Suche nach einer besseren Lösung als bisher (Innovationsproblem).

Lösungsvarianten suchen

5. **Auswahl und Entscheidung**

Den besten Lösungsweg wählen

Ist es gelungen, mehrere brauchbare Lösungswege zu finden, so muss schließlich der beste ausgewählt werden. Entscheidungstechniken können dabei helfen. (Vgl. Kepner, Charles, »Entscheidungen vorbereiten und richtig treffen«, 1991, Landsberg, Verlag Moderne Industrie.)

6. **Realisierung und Kontrolle**

Fortschritte kontrollieren

Für die Umsetzung eines Zieles ist gegebenenfalls ein Maßnahmen-Katalog, Projektplan, Zeitplan oder Netzplan zu erstellen und der Fortschritt fortlaufend zu kontrollieren.

6.3 Vorteile methodischen Vorgehens

- *Motivation und Selbstvertrauen*, auch größere und schwierige Ziele schnell anzupacken.
- Schwierige Ziele werden mit einem Plan *durchführbar* gemacht.
- *Übersicht* über die notwendigen Maßnahmen und Mittel.
- Ermittlung von *Aufwand und Nutzen*.
- Abschätzung der *Risiken* in der Plandurchführung.
- *Entscheidungshilfe* für oder gegen ein Ziel.
- Förderung der *Ideenfindung* und der Innovation.
- *Vervielfachung der Erfolgschancen*, Vermeidung von Misserfolgen.

6.4 Einige effektive und bewährte Methoden

a) Monolog- und Dialog-Methode

Verbalisierung gegenüber einem Zuhörer

Als die einfachste »Methode«, die nach dem stillen Nachdenken über ein Ziel und die Zielerreichung denkbar ist, kann man die verbale Beschreibung des Problems und unserer ersten Lösungsideen einem Partner gegenüber bezeichnen (Monolog-Methode). Schon Heinrich von Kleist hat in seinem Essay » Über die allmähliche Verfertigung der Gedanken beim Reden« festgestellt, dass das Reden zu neuen Ideen führt (»L'idée vient en parlant.« – Die Idee kommt beim Reden.)

Weitere Vorteile:

- Das Formulieren macht die Gedanken deutlicher.
- Reden klärt das Thema und verschafft Übersicht.
- Neue Lösungsansätze werden inspiriert.
- Reden löst Denkblockaden (Gedankenwurm).
- »Sich etwas von der Seele reden« erleichtert.

Benutzen Sie notfalls auch Ihr Diktiergerät zum Monologisieren (z. B. im Auto).

Problemlösungsgespräch

Noch wirksamer als der Monolog ist natürlich der *Dialog.* Hier erwarten wir von unserem Gesprächspartner auch kritische Beurteilung, Anregungen und vielleicht auch Expertenwissen. Das *Problemlösungsgespräch* ist die im Berufsleben am häufigsten angewandte »Methode«.

Überlegen Sie, ob Sie Monolog- und Dialog-Methode künftig nicht häufiger und systematischer einsetzen wollen. Tragen Sie ungelöste Probleme nicht tagelang mit sich herum, sondern reden Sie mit jemandem darüber. Damit ist meist schon der erste wichtige Schritt zur Lösung getan.

b) Die Zwei-Schritt-Methode

»Denken auf Papier«

Das »Denken auf Papier« führt nach vielfältig dokumentierten Erfahrungen eher zu Ergebnissen als das »Denken im Kopf«. Die einfachste »Methode«, um gewissermaßen ein »Brainstorming for one« (mit sich selbst) zu veranstalten, ist ein Blatt Papier, auf dem Sie oben die Worte »Ziel / Problem:« hinschreiben und einige Zentimeter darunter »Ideen«.

»Brainstorming for one«

Beschreiben Sie also zunächst in einem Satz Ihr Ziel bzw. Ihr Problem. Und halten Sie nach dem Stichwort »Ideen:« alles fest, was Ihnen spontan dazu einfällt. Also sowohl Einfälle zum Problem als auch zu Lösungsansätzen. Dieses ganz unsystematische und ungeordnete Vorgehen fördert den völlig ungehemmten Gedankenfluss. Eine Ordnung und Strukturierung der Gedanken nehmen Sie später vor.

Sie können diese »Methode« immer und überall anwenden – notfalls auf einem Parkplatz an der Autobahn. Sie besitzen damit die ersten Ideen bereits schwarz auf weiß und können zu einem späteren Zeitpunkt leicht daran weiterarbeiten.

Ausprobieren, anwenden

Probieren Sie sowohl Monolog- / Dialog-Methode als auch Zweischritt-Methode sofort aus und wenden Sie sie in den nächsten Tagen so oft wie möglich an. So werden Sie schnell die Vorteile beider Techniken kennen lernen.

c) Mindmapping

Mindmaps (nach Tony Buzan) können zur Problemdarstellung und -lösung sowie zur Ideenfindung genutzt werden.

Vorgehen:

- In die Mitte das zentrale Thema (Hauptwort) schreiben.
- Dann die »Hauptäste« des Themas aufzeichnen.
- An weiteren Verzweigungen bis zur Vervollständigung arbeiten.

Vorteile:
Ideen werden hemmungslos-spielerisch produziert. Das Thema wird von Anfang an strukturiert. Anregend und gehirngerecht.

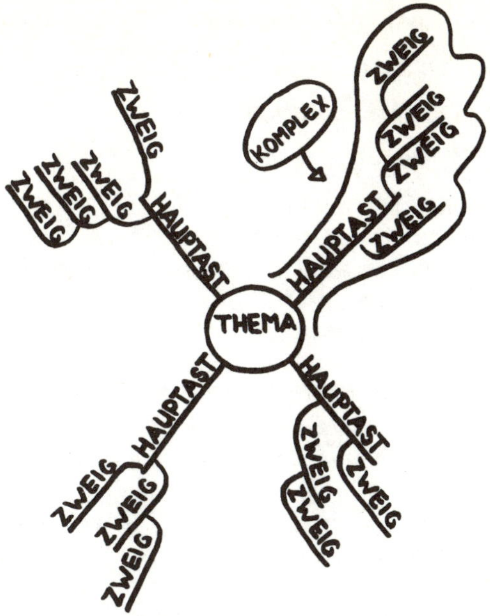

Spielerische Methode, gute Strukturierung

Immer mehr Unternehmer, Manager und Spezialisten sind von der Einfachheit und der Nützlichkeit des Mindmapping begeistert.

d) Gemeinsam Probleme lösen

Schwierige Ziele und Probleme sollten wir möglichst gemeinsam mit anderen definieren und lösen. Am weitesten verbreitet ist das klassische Brainstorming (nach Alex F. Osborn).

Vorgehen:

- 5 –10 Teilnehmer
- Erklärung des Problems/ der Aufgabe durch Moderator

Brainstorming in der Gruppe

- Spontaner Zuruf von Ideen
- Auf Flipchart notieren
- Keine Kritik an den Ideen
- Ideen weiterentwickeln
- Quantität geht vor Qualität

Vorteile: Sehr einfach anwendbar. Gegenseitige Anregung. Brainstorming ist die am häufigsten angewendete Ideenfindungstechnik.

Metaplan-Technik

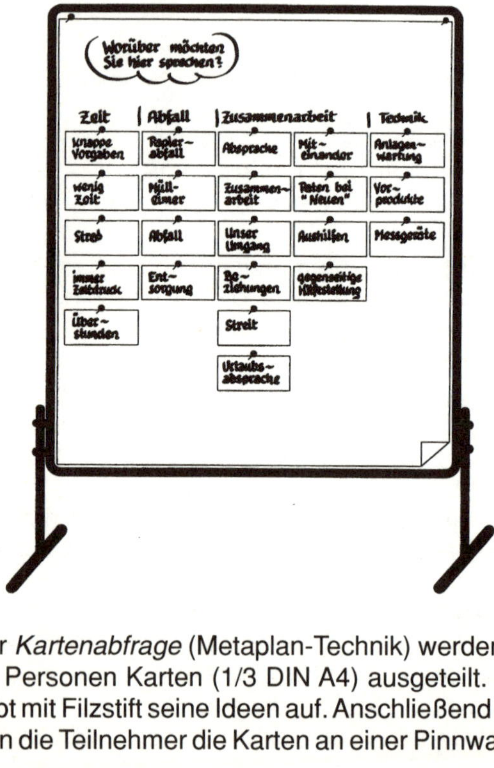

Bei der *Kartenabfrage* (Metaplan-Technik) werden an 8 bis 15 Personen Karten (1/3 DIN A4) ausgeteilt. Jeder schreibt mit Filzstift seine Ideen auf. Anschließend strukturieren die Teilnehmer die Karten an einer Pinnwand.

Bewertung:

Sehr schnell werden von den Teilnehmern viele Einfälle notiert und anschließend geordnet. Auch Schüchterne werden aktiviert. Aber: Keine gegenseitige Anregung.

6.5 Der Schnellplan

»Hindernisse überwinden,
ist der Vollgenuss des Daseins.«
(Schopenhauer)

Vorgehen
beim Schnell-Planen (eine Kurzform des Wie-Planens):

1. Beschreibung des mängelbehafteten und änderungsbedürftigen *Ist-Zustands* (»Minus-Zustand«) mit seinen Hauptmerkmalen auf einem DIN-A4-Blatt. **Ist-Zustand**

2. Beschreibung des mängelfreien oder »idealen« *Soll-Zustands* (»Plus-Zustand«) auf einem weiteren Blatt. **Soll-Zustand**

3. Knappe Formulierung eines möglichst konkreten *Ziels* aufgrund der Beschreibung des Plus-Zustands (siehe 2.) am Kopf des dritten Blattes. Anschließend auf der gleichen Seite: **Ziel**

4. Beschreibung der *Mittel und Maßnahmen*, die zur »Verursachung« des Ziels bzw. des Zielzustands nötig sind. **Maßnahmen**

5. Arbeiten Sie immer nur mit *Bleistift und Radiergummi* oder mit einem PC, damit Sie leicht Änderungen und Korrekturen vornehmen können.

6.6 Der Wie-Plan

»Das Wie-Planen ist das Kernstück der Vorbereitung persönlicher Erfolge. »
(G. Großmann)

Original-Formular

Für das klassische Wie-Planen verwenden Sie am besten das original Wie-Plan-Formular nach Dr. Gustav Großmann im Format DIN A2. Ausführliche Anleitung zum Wie-Planen finden Sie in »Sich selbst rationalisieren«, ratio-Verlag.

Die wichtigsten Schritte für die Erstellung eines Wie-Plans, um ein Ziel durchführbar zu machen:

Gründe für Ziel-Erreichung

a) *Warum* will ich das Ziel erreichen, was bedeutet mir die Ziel-Erreichung? Mit dieser Vorarbeit motivieren Sie sich für das Ziel.

Minus-Zustand

b) Beschreibung des *Minus-Zustands* (auf einem DIN-A4-Blatt), also der Mängel, Unzulänglichkeiten, Nachteile des gegenwärtigen Ist-Zustands, den es in einen vorteilhaften (idealen) Zustand zu verwandeln gilt.

Plus-Zustand

c) Beschreibung des erwünschten Ziel-Zustands (*Plus-Zustand*) mit allen seinen wichtigen positiven Merkmalen auf einer weiteren Seite. Das Gegenteil zu b).

Zielformulierung

d) *Formulierung des Ziels* (= Zusammenfassung von c) möglichst konkret und knapp in einem Satz, der mit »Ich werde ...« beginnt und hinter den ein »Wie?« gesetzt wird.

e) Weitere Bearbeitung des Wie-Plans im Abstand jeweils einiger Tage. Im Zeitplanbuch Planungszeiten fest reservieren!

Zeit- und Geldbedarf

f) Stellen Sie nach Abschluss des Plans den *Zeitbedarf* für die Durchführung der Maßnahmen fest sowie den *Geldaufwand* für die Maßnahmenausführung und für die Mittelbeschaffung.

Risiken

g) In welchen Punkten des Plans stecken die größten *Risiken*? Wo können Schwierigkeiten auftauchen, wo ist am ehesten ein Misslingen oder eine Verzögerung möglich?

Vollständigkeit

h) Prüfungen: Fördert die Durchführung des Plans wirklich meine Hauptziele? Ist der Plan wirklich *vollständig*? Ist mit der Ausführung aller Maßnahmen und der Beschaffung aller Mittel wirklich das Plan-Ziel sicher erreicht?

Aufwand/ Nutzen-Analyse

i} *Aufwand/Nutzen-Analyse*. Stellen Sie dem ermittelten Zeit- und Geldaufwand (siehe f) den erwarteten Nutzen gegenüber. Entscheiden Sie sich für oder gegen die Durchführung des Plans.

Teilaufgabe deligieren

j) Wer kann mir bei der Erarbeitung des ganzen Wie-Plans helfen, wem kann ich die Lösung von Teilaufgaben übertragen?

Zeitplanung = Realisierung

k) Übertragen Sie die Einzelmaßnahmen des Wie-Plans in Ihre Zeitplanung (z. B. Monatsplan, Tagesplan) und führen Sie sie durch.

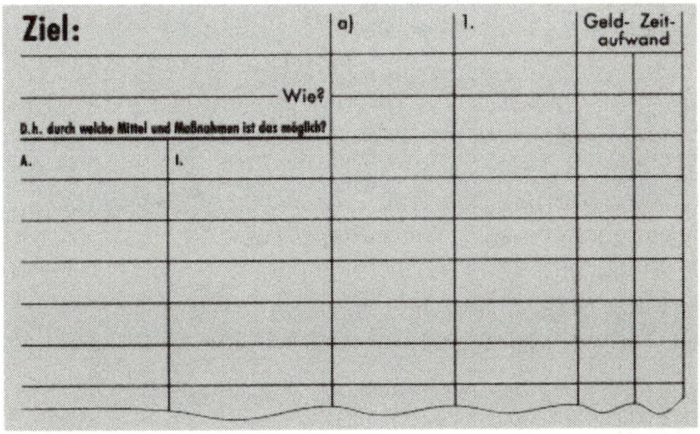

Wie-Plan-Formular nach Dr. G. Großmann

Stärkung und mehr Selbstvertrauen

Jeder mit einem Wie-Plan vorbereitete Erfolg stärkt Ihre Fähigkeit, größere und schwierigere Ziele durchführbar zu machen und sie auch zu erreichen. Es macht Sie objektiv stärker und festigt zugleich Ihr Selbstvertrauen. Zahlreiche Großmann-Schüler haben bekundet, dass sie dem Wie-Planen »alles« oder »Entscheidendes« für ihren Berufserfolg zu verdanken haben.

Zusammenfassung:

Auch einfache und höchst wirkungsvolle Zielvorbereitungsmethoden lassen sich nicht leicht aus Büchern lernen. Erwägen Sie, einschlägige Kurse oder Seminare zu besuchen. Beginnen Sie mit den ganz einfachen Methoden. Probieren Sie sie zunächst an leichteren »Fällen« aus. Steigern Sie allmählich Ihre Problemlösungskompetenz zur Perfektion und gewinnen Sie damit eine wichtige persönliche Stärke.

7. Spannen Sie Ihre Zeit vor Ihre Ziele

7.1 Das Zeitmanagement in Ihrem Selbstmanagement

»Mit der Zeit umgehen zu können ist ein Erfolgsfaktor, der Ihren persönlichen Erfolg und Misserfolg bestimmt.«

(Ulrich Sievert)

Zeit als Erfolgsressource

Ihre Zeit ist eine entscheidende Erfolgsressource. Für die von Ihnen angestrebten Ziele und Erfolge brauchen Sie genügend Zeit. Ohne Zeit können Sie nichts bewirken. Andererseits ist »Zeitmangel« für viele der kritische Engpass, der sie an ihren möglichen Erfolgen hindert.

Auch Zeitmangel kann ein »wirksamer Mangel« (s. S. 27) sein.

Ohne professionelles Zeitmanagement kann Selbstmanagement nicht funktionieren. Es ist der »ausführende Arm« unseres Planungssystems.

7.2 Zeitmangel – das Problem der Tüchtigen

Nach einer Befragung von amerikanischen Managern sagten nur 1 %, dass sie über »genügend Zeit« verfügten. Alle anderen klagten über zu wenig Zeit.

Alle Tüchtigen und Erfolgsorientierten haben ständig mit Zeitmangel und mit Zeitproblemen zu kämpfen. Aber die Ursachen sind ganz verschieden.

Deshalb müssen Sie zunächst erkennen, *wo der Schwerpunkt speziell Ihrer Zeitprobleme* liegt.

Ursachen Ihrer Zeitprobleme

Wo finden Sie sich in der folgenden Aufzählung wieder? Chronische Zeitnot; Hektik, Stress; Zeitdruck; lange Arbeitszeit; vieles bleibt liegen; mangelnde Übersicht; häufige Störungen; viele »Zeitdiebe«; tue zu viel selbst (mangelnde Delegation); zu viel Routinearbeit; Aufschieberitis; unbefriedigende Termintreue; vernachlässigte Führung; reagiere viel; agiere wenig; zu wenig Freizeit.

Aufgaben:

- Meine Zeitprobleme sind vor allem:
- Die Folgen meiner Zeitprobleme sind:

7.3 Nutzen Sie die Vorteile besseren Zeitmanagements!

Spielräume nutzen

Selbst gut organisierte Manager haben meist noch enorme *Spielräume* und Chancen, Ihre Zeit wesentlich besser als bisher zu nutzen und damit *viel Zeit zu gewinnen.*

Aufgabe:
Heben Sie in der nachfolgenden Liste mit einem Marker hervor, welche der angegebenen Vorteile Sie durch besseres Zeitmanagement für sich selbst erreichen wollen:

- Zeit gewinnen
- Weniger Hektik und Stress
- Klare Ziele nach Prioritäten ordnen
- Viel Delegation, weniger Überlastung
- Verringerung von Störungen
- Zeitverlustquellen entdecken, Zeitdiebe fassen
- Keine Aufschieberitis
- Mehr Arbeitsfreude und Erfolgserlebnisse
- Mehr Freizeit für Familie, Hobbys und mich selbst
- Mein Leben sinnvoll selbst gestalten

Zeit-Effizienz steigern

Setzen Sie sich das Ziel, Ihre persönliche Zeit-Effizienz um mindestens 10 % bis 25 % zu steigern.
Das ist fast immer erreichbar.

Aufgabe:
Welchen Vorteil will ich durch besseres Zeitmanagement als Erstes erreichen?

7.4 Methoden und Instrumente des Zeitmanagements

a) Erst Ziele setzen, dann Zeit planen

Viele bleiben weit hinter ihren Möglichkeiten zurück, weil sie ihre Zeit nicht in erster Linie *für ihre Ziele und künftigen Erfolge* einsetzen.

Dazu brauchen Sie zunächst einmal *klar definierte Ziele. Wer keine klaren und geordneten Ziele hat, kann auch seine Zeit nicht darauf ausrichten; er kann eigentlich überhaupt nicht Zeit planen.*

Ohne Zielsetzung keine Zeitplanung

Erarbeiten Sie erst sorgfältig und methodisch Ihre Ziele (s. Kap. 6). Ohne professionelle Zielsetzung keine effektive Zeitplanung.

b) Zeitplanung = Zeit für Ziele einsetzen

Zeitmanagement besteht *nicht* in erster Linie in der Vermeidung von Zeitvergeudung, sondern darin, der Arbeit an Ihren Hauptzielen viel Zeit zu verschaffen.

Durch Zeitplanung mehr Zeit für Ziele

Mit Hilfe Ihrer Zeitplanung sollen Sie sich dazu bringen, Ihren Hauptzielen den größten Teil Ihrer Zeit zu widmen.

So wie sich Unternehmen durch Zielsetzung führen (Management by Objectives), so sollten Sie sich auch selbst durch Ziele führen. Setzen Sie Ihre Zeitplanung vor allem dafür ein, der Arbeit an Ihren Zielen mehr Zeit einzuräumen.

c) Überblick behalten und Prioritäten setzen

Übersicht über alle Aufgaben

Sich immer wieder *vollständige Übersicht* zu verschaffen über alle anstehenden Aufgaben, Verpflichtungen und Ziele ist die Grundvoraussetzung für eine sinnvolle *Zieleordnung*.

Wir müssen also unsere Aufgaben- und Zielesammlungen (Aktivitätenlisten) ständig ergänzen und *ordnen*

Aufgaben ordnen

1. nach Wichtigkeit (A, B, C),
2. nach Dringlichkeit,
3. nach Fristigkeit (kurz-, mittel- und langfristig).

Denn: *Ohne Ziel-Ordnung keine Zeit-Ordnung!*

So sorgen Sie dafür, dass das Wichtige und Dringende Vorfahrt erhält und dass nichts vergessen und zu spät erledigt wird.

Dringliches rechtzeitig

Oft werden Sie jedoch in *Zielkonflikte* geraten: Mehrere Dinge sollten »sofort« oder »gleichzeitig« bearbeitet werden. Ein guter Zeitmanager packt terminierte Aufgaben so rechtzeitig an, dass sie nicht »dringlich« werden (unter Zeitnot zu Ende geführt werden müssen). Und er wird sich immer Zeit schaffen, um neben den drängenden Tagesaufgaben auch die wichtigen und längerfristigen Ziele zu verfolgen.

Nur aufgrund eines stets aktuellen und vollständigen Überblicks über alle anstehenden Aufgaben können Sie immer wieder die richtigen Prioritäten setzen und vernünftig entscheiden, was vordringlich und wichtig ist und was als Nächstes angepackt werden muss.

d) Die Analyse Ihrer Zeitnutzung

Die Zeit nicht entgleiten lassen

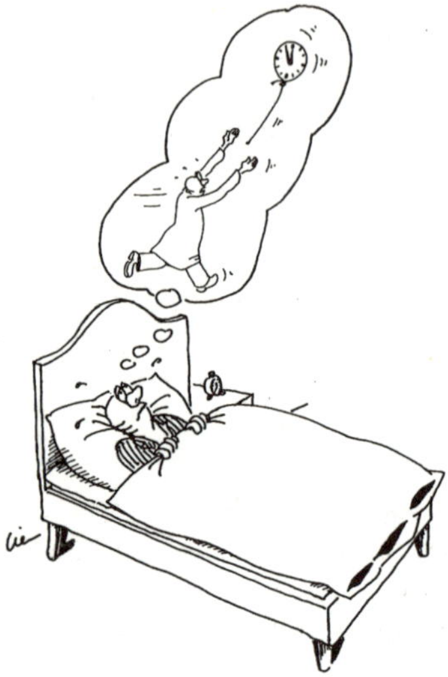

Feste Zeiten für wichtige Aufgaben

Setzen Sie einfach mit brachialer Gewalt jeden Tag Stunden fest, an denen Sie unverrückbar an Ihren wichtigen Aufgaben und Zielen arbeiten; dann bleibt zwangsläufig für Routine, für Zeitdiebe und »schlecht rentierende Zeitausgaben« weniger Zeit übrig.

Für eine Umorientierung auf wichtigere Aufgaben kann Ihnen eine Analyse Ihrer Zeitnutzung über mehrere Tage helfen.

Aufgabe:
Halten Sie für jeden Tag auf einem Blatt möglichst genau fest, was Sie von morgens bis abends getan haben. Dann erkennen Sie, in welchem Umfang Sie sich mit A-, B- und C-Aufgaben beschäftigen.

Tätigkeits- und Zeitanalyse

Datum: ....

von - bis	Tätigkeit	Dauer in Minuten	Wert		
			A	B	C

Zeit-Diebe ausmachen

So werden Sie auch feststellen, wer und was Ihre Haupt-Zeit-Diebe sind; wer Sie zu häufig stört; wann Sie schlecht geplant hatten; weshalb Sie Dinge unerledigt ließen; welche zeitraubenden Gewohnheiten Sie haben.

Leitfragen zur Zeit-Analyse:

- Wann kann ich mich künftig dem Wichtigen widmen?
- Welche Aufgaben kann ich delegieren?
- Wo kann ich Zeit einsparen?
- Was kann ich rationeller machen?
- Wie kann ich Störungen vermeiden?

e) Störungen reduzieren

»Jede Störung ist eine Schädigung.«
(G. Großmann)

Nutzen Sie die Zeitverbrauchs-Analyse auch, um nicht häufiger als unbedingt notwendig gestört zu werden.

Prüfen Sie, ob Sie
- zu häufig unterbrochen werden,
- unnötig unterbrochen werden,
- bei wichtigen, Konzentration erfordernden Tätigkeiten gestört werden.

Störungen beeinträchtigen Effizienz und Konzentration

Wer sich bei anspruchsvollen Denkarbeiten immer wieder stören lässt, vermindert nicht nur die Qualität seiner Arbeit, er beeinträchtigt auch seine Zeit-Effizienz (sich immer wieder neu hineindenken müssen!) und schädigt auf die Dauer seine Konzentrationsfähigkeit.

Finden Sie den für Ihre Funktion und Aufgabenstellung optimalen Weg zwischen totaler Abschottung (»Elfenbeinturm«) und absoluter Zugänglichkeit (»offene Tür«). Reservieren Sie sich wöchentlich mehrere Klausur-Stunden für ungestörte Arbeit an Ihren wichtigen Aufgaben (s. Kap. 1).

Frage:
Leidet Ihre Arbeit unter zu häufigen und unnötigen Störungen?

f) Zwei Kardinalfragen zum Zeitmanagement

Gutes Zeitmanagement verbessern

Ihr Zeitmanagement können Sie nur dann noch weiter verbessern, wenn Sie es *anders machen* als bisher. Zwei entscheidende Fragestellungen helfen Ihnen, Ihr Verhalten in die »richtige Richtung« zu verändern.

Fragen:

1. Wofür will ich künftig weniger Zeit verwenden? (Wofür habe ich bisher zu viel Zeit »ausgegeben«?)
2. Wofür – für welche Ziele und Erfolge – will ich künftig mehr Zeit einsetzen? (Wofür habe ich bisher zu wenig Zeit aufgewendet?)

Eigentlich gibt es nicht »mehr Zeit«. Nur durch ein durchgreifendes Umschichten Ihrer Zeitausgaben (Tätigkeiten) können Sie Ihr Zeitmanagement nachhaltig verbessern. Mit der analytisch-kreativen Beantwortung dieser beiden Fragen können Sie Ihre Zeitprobleme am wirkungsvollsten positiv beeinflussen.

7.5 Die Hierarchie der Zeitpläne

a) Zuerst die große Richtung finden (Lebensplanung)

»Durch das Lebensziel bekommt das Leben Inhalt, bekommen Denken und Handeln Richtung.«
(G. Großmann)

Große Ziele geben Richtung an

Ihre langfristigen, mittelfristigen und kurzfristigen persönlichen Zeitpläne müssen ineinander greifen. »Von oben nach unten«: Zuerst die große Richtung finden, dann die einzelnen Etappen planen.

Lebensplanung und -gestaltung ist die vornehmste Aufgabe der Zeitplanung. Ohne Lebenskonzept wäre Zeitmanagement Stückwerk: nur ein ziemlich sinnloses Herumoperieren in Details.

Ihr *Lebensplan* sollte eine visionäre *Sammlung von Wünschen und Zielen* sein.

Ihre großen Ziele sollten Ihre großen Richtungsgeber (»Leuchttürme«) und Ihre großen Motivatoren (»Energiequellen«) sein.

Lebensziele – weniger ist mehr

Je klarer Ihre Vorstellungen von Ihrem künftigen Lebensverlauf sind und je weniger Ziele Sie verfolgen, umso größer ist die Wahrscheinlichkeit der Verwirklichung. Bauen Sie eine schlanke Zielepyramide.

Spitze Zielepyramide:
Konzentration auf das Wesentliche

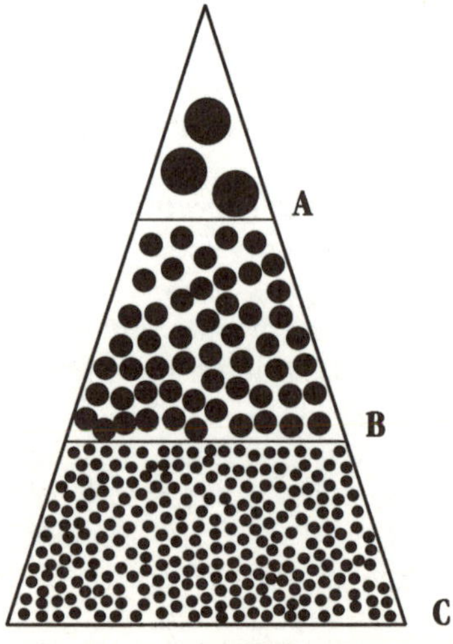

Harmonie der Lebensziele

Ihre wenigen wesentlichen Lebensziele sollten natürlich kein widersprüchliches Chaos darstellen, sondern sich zu einem harmonischen »Kunstwerk« zusammenfügen. Achten Sie insbesondere auf eine Balance von Berufs- und Privatleben.

Gemeinsame Planung mit Partner

Nach Prof. Charlotte Bühler hängt das Gelingen des Lebens in erster Linie von einer gelungenen Partnerschaft ab (s. S. 12 ff.). Entwickeln Sie zunächst Ihre eigenen Ideen zur Lebensgestaltung und versuchen Sie im zweiten Schritt, zu einer gemeinsamen Planung mit Ihrem Partner zu kommen.

Beginnen Sie damit, einige Wochen lang *Ideen* für Ihr Lebenskonzept zu sammeln. Die *Durcharbeit Ihrer Selbst- und Situationsanalyse* (s. S. 11 ff.) hilft Ihnen dabei. Entwickeln Sie Alternativen und entscheiden Sie sich schließlich für *Ihren* Weg. Berücksichtigen Sie auch hier die 8 Gebote der Zielsetzung (s. S. 13).

Leitfragen für die Entwicklung von Lebenszielen:

- Was will ich beruflich erreichen?
- Was sind meine Vorstellungen im Hinblick auf Partnerschaft, Familie, Kinder?
- Wie will ich mich in Bildung und Wissen weiterentwickeln?
- Wie fit und gesund will ich sein?
- Wünsche im Hinblick auf Wohnung und Wohnort?
- Mein Freundes- und Bekanntenkreis?
- Meine Einkommens- und Vermögensziele?
- Meine großen Erlebnisse (z. B. Reisen, Abenteuer)?
- Wie soll mein Lebensabend aussehen?

Mut zu großen Lebenszielen

Entwerfen Sie ein kühnes Idealbild Ihres Lebens. Es wird Ihrem Denken und Handeln Sinn und Richtung geben. Ihre mittel- und kurzfristigen Pläne orientieren sich an Ihrem Lebensplan.

b) Mittel- und langfristige Zeitpläne

Welche Ziele wann realisieren

Perioden-Pläne (über 7 oder 10 Jahre) sollen Sie lediglich dazu anregen, darüber nachzudenken, *welche Lebensziele Sie in welchem Zeitabschnitt realisieren möchten*. Denn:

»Die rechte Zeit entscheidet alles.»
(Sophokles)

Jahresplan

Nehmen Sie sich jeweils zwei Tage Zeit – das ist nur etwa ein halbes Prozent eines Jahres –, um Ihren *Jahresplan* zu entwickeln. Das wird eine Ihrer lohnendsten Zeitausgaben sein.

Leitfragen zum Jahresplan:

- Rückblick auf das abgelaufene Jahr.
- Meine beruflichen Ziele?
- Meine Ziele für Partnerschaft und Familie?
- Meine gesundheitlichen Ziele?
- Meine Weiterbildungs-Ziele?
- Meine Ziele im Hinblick auf Urlaub und Hobbys?
- Meine finanziellen Ziele?
- Unerledigte Aufgaben aus dem Vorjahr?
- Was will ich aus meinem Lebens- bzw. aus meinem Perioden-Plan im kommenden Jahr verwirklichen?

Für die Aufstellung eines *Monatsplans* empfiehlt sich ein ähnliches Vorgehen, aber folgende Leitfragen sind besonders für den Monatsplan von Bedeutung:

Monatsplan

Leitfragen zum Monatsplan:

- Was will ich aus dem Jahresplan realisieren?
- Unerledigte Aufgaben aus dem Vormonat?
- Die Aufgaben für den Monat?
- Kennzeichnen Sie jede Aufgabe mit A, B, C.
- Welche Aufgaben fördern meinen Erfolg am meisten?
- Wofür und womit will ich mich belohnen?
- Wem welchen Nutzen bieten, welche Freude bereiten?

In Branchen, die sehr stark in »Kalenderwochen« denken, liegt es nahe, auch mit *Wochenplänen* zu arbeiten.

Wochenplan

c) Die Tagesplanung

*»Gegenüber der Fähigkeit,
die Arbeit eines einzigen Tages sinnvoll zu ordnen,
ist alles andere im Leben ein Kinderspiel.«*
(Goethe)

1. Planen Sie stets *schriftlich* (mit Bleistift).

Schriftlich planen

*»Planen ohne Plan ist ebenso intelligent
wie Autofahren ohne Auto.«*
(G. Großmann)

Zeitplanbuch

2. Benutzen Sie nur ein *Planungsinstrument*, nämlich ein Zeitplanbuch. (Eventuell daneben noch eine Leporello-Jahres-Übersicht.)

3. Bereiten Sie *jeden Tag* planmäßig vor (Ihre wichtigste Gewohnheit!). Widmen Sie der Aufstellung Ihres Tagesplanes mindestens *acht bis 10 Minuten* – weniger als 1 % des Tages – und gewinnen Sie durch einen rationelleren Ablauf ein Vielfaches an Zeit!

4. Den Tagesplan jeweils *am Vorabend* aufstellen. Das lässt Sie den abgelaufenen Tag seelisch abschließen und Ihr Unterbewusstsein bereitet sich auf den nächsten Tag vor.

Aufgaben, Ziele

5. Welche Aufgaben aus dem *Monatsplan* realisieren?

6. Was delegieren?

7. Welche Teilaufgaben aus aktuellen Schnell- und Wie-Plänen verwirklichen? Kann ich einem größeren Ziel einen Schritt näher kommen?

Die drei wichtigsten Regeln:

Aufgaben nach Prioritäten ordnen

1. Machen Sie die Bedeutung der einzelnen Aufgaben optisch deutlich sichtbar. Schreiben Sie also vor jede Aufgabe ein A, B oder C. Heben Sie die wichtigste Aufgabe des Tages zusätzlich mit einem Marker hervor!

Beispiel:

Wichtigkeit	Aufgabe	Zeitbedarf
C	Friseur	60 Min.
A	RA/Besprechung	120 Min.

Zeitaufwand

2. Schätzen Sie für jede Aufgabe den *Zeitbedarf* ab und tragen Sie die Minuten-Zahl in der gleichen Zeile hinter der Aufgabe ein. Die Summe zeigt Ihnen, ob Sie *realistisch* planen.

Zeitreserven einplanen

3. Planen Sie *Zeitreserven* ein. Unvorhergesehenes kommt an jedem Tag auf Sie zu. Verplanen Sie deshalb – entsprechend Ihren Erfahrungswerten – nur 40 % bis 60 % Ihres Arbeitstages.

Motivation durch »Einser-Tage«

Geben Sie jedem Tag eine *Zensur* (zwischen 1 und 5), mit der Sie ausdrücken, wie sehr Sie mit den erreichten Erfolgen und mit sich selbst zufrieden sind. Das motiviert Sie stark, immer mehr »Einser-Tage« zu erreichen. (1 = ein besonderer Glückstag, 2 = ein gelungener Tag, 3 = ein zufrieden stellender Tag, 4 = ein unterdurchschnittlicher Tag, 5 = ein besonders schlechter Tag)

d) Optimieren Sie Ihren Tagesablauf

Aufgabe:
Stellen Sie einen Tages-Rahmen-Plan auf, der Ihren normalen Tagesablauf mit Minutenangaben schildert, und prüfen Sie, womit Sie Zeit »einsparen« können.

Tägliche Zeitersparnis multipliziert sich

Gelingt es Ihnen, auch nur 15 Minuten täglich »einzusparen« – und sinnvoll anders zu verwenden, dann ergibt sich auf die nächsten 30 Jahre bezogen eine »Zeitersparnis« von 342 Arbeitstagen. Nutzen Sie diesen gewaltigen *Multiplikator-Effekt*!

Benutzen Sie den Tages-Rahmen-Plan auch zur *Stimmungspflege* (s. S. 59).

Aufgaben:

- Schalten Sie alle sich wiederholenden Verstimmungsereignisse definitiv aus.
- Bauen Sie in den Tagesablauf kleine Pausen, Freudenquellen, Abwechslungen und Annehmlichkeiten ein. Gustav Großmann forderte auf, »auch die kleinste Verrichtung zu einem Genussmittel und zu einem Freudebringer zu gestalten«.

e) Ihr Zeitplanbuch – »maßgeschneidert«

Zeitplanbuch muss individuellen Bedürfnissen entsprechen

Suchen Sie sich unter den über 70 angebotenen Zeitplanbüchern das Ringbuch aus, das nach Format, Aufbau und Formularangebot für Ihre individuellen Zwecke am besten geeignet ist und das Sie gerne benutzen. Zeitplanung mit dem *PC* bietet sich nur dann an, wenn Sie fast ausschließlich im Büro tätig sind oder Ihr Notebook ständig mit sich führen.

Frage:
Arbeite ich bereits mit einem Zeitplanbuch, das meinen Bedürfnissen voll entspricht?

7.6 Sonderthemen der Zeitplanung

a) Die Informationsflut bewältigen

»Wer Tag für Tag mit Informationen überflutet wird, der verliert den Sinn für das Wesentliche.«
(Gertrude Stein)

30 % der Zeit für Informationen

Der Durchschnitts-Deutsche verbringt werktags über 6 Stunden mit Medienkonsum. Führungskräfte brauchen bis zu 30 % ihrer Zeit, um sich zu informieren (z. B. Tageszeitung, Wirtschaftspresse, Branchenzeitschriften).

Informationen besser selektieren

Informationszeit zu sparen verlangt,

- seinen Lesestoff sorgfältiger auszuwählen,
- schneller zu lesen.

Lese-training

Durch ein Lesetraining lässt sich die Lesegeschwindigkeit oft mehr als verdoppeln. In der besseren Stoffauswahl liegen jedoch die größeren Möglichkeiten.

Fragen:

- Ihr täglicher Zeitaufwand, um sich zu informieren (siehe Zeitnutzungsanalyse S. 84)?
- Wie effektiver lesen?

b) Rationelle Kommunikation

Bei den meisten ist »Kommunikation« der größte Zeit-Ausgabeposten (bei Managern bis zu 80 %). Deshalb lohnt es sich, gerade dort nach Möglichkeiten zu suchen, Zeit einzusparen.

Feste Stunden für Kommunikation

1. Halten Sie sich möglichst mehrere Stunden täglich für wichtige Gespräche und schnelle Entscheidungen erreichbar (festlegen und bekannt machen). Sie sollten eher Motor als Hemmschuh ihrer Organisation sein. Beschäftigen Sie sich in dieser Zeit mit Aufgaben, die keine allzu große Vertiefung erfordern. Lassen Sie jederzeit schriftliche Kurzanfragen per Fax zu; sie sind schnell (auch in Sitzungen) zu beantworten.

Klausur-Stunden fürs Denken

2. Planen Sie andererseits für Denk-Aufgaben mehrmals in der Woche kommunikationsfreie Klausur-Stunden ein.

Aufgaben und Verantwortung deligieren

3. Delegieren Sie so viel Entscheidungsverantwortung wie möglich. Manche Führungskräfte »züchten« geradezu ein Übermaß an Gefragt-Werden.

4. Wichtig: Versetzen Sie Ihr *Sekretariat* durch laufende Hinweise und Informationen in die Lage, Ihre Kontakte und Kommunikationsvorgänge in Ihrem Sinne zu steuern (weniger VUPs = Very Unimportant Persons).

Fragen:

- Zahl der Gespräche reduzieren?
- Kürzere Gespräche führen?
- Mehr Anrufe und Besuche delegieren?
- Zeitersparnis durch Gesprächsvorbereitung (siehe S. 37)
- Sitzungen straffer führen?
- Reisetätigkeit einschränken?

c) Führen, nicht ausführen (Delegieren)

»Get things done!«

Als Manager sollen Sie in erster Linie führen und nicht ausführen. Ihre Aufgabe ist: »Get things done!« – dafür zu sorgen, dass die Dinge getan werden. Das heißt prinzipiell: nicht selbst tun, sondern tun lassen, delegieren.

Zu vieles selber machen, was man gut kann und gern tut, ist eine der Hauptursachen für Zeitmangel von Selbständigen und Managern.

Fragen:

- Was muss ich nicht unbedingt selbst tun?
- Mache ich gelegentlich zu viel selbst?
- Was sind die Gründe?
- Was will ich künftig häufiger delegieren?
- Welche Aufgaben dauerhaft delegieren?

7.7 Ausführung: Die Achilles-Ferse der Planung

»Wer sich Aufgaben stellt, ohne sie durchzuführen, macht sich zum Narren.«

(G. Großmann)

Keine Planung ohne Ausführung

Als Selbst-Manager verkörpern Sie eine Doppel-Gestalt: Sie sind

- Planer (Chef) und zugleich
- Ausführender.

Guter Planer, schlechter Ausführender?

Manche sind hervorragende Planer und Auftraggeber, aber miserable Ausführende. Sich nicht an seine Vorsätze und Pläne zu halten ist bei schlechten Zeitnutzern oft die Achillesferse ihres Zeitmanagements. Werfen Sie Ihr Zeitplanbuch in den Papierkorb, wenn Sie sich nicht daran halten.

Fragen:

- Wie zuverlässig bin ich als Ausführender meiner Planung?
- Was werde ich tun, um meine Ausführungs-Disziplin zu verbessern?

7.8 Die Quintessenz des Zeitmanagement

»Die Zeitplanung bedeutet nicht... eine Rebellion gegen die Natur des Menschen... Im Gegenteil: sie bietet die Möglichkeiten, in Harmonie und Glück mit der Welt zu leben.«

(G. Großmann)

Der wichtigste Schritt: Zielplanung

Der wichtigste Schritt zu besserem Zeitmanagement ist, Ihre Ziele zu klären und zu ordnen. Dann kommt es »nur« noch darauf an, mehr das zu tun, was Ihnen wichtig ist und was Sie vorwärts bringt.

Lernen Sie auch, sich von Kleinkram, Nebensächlichkeiten und Routineangelegenheiten zu befreien: »Ein Adler fängt keine Fliegen.«

Nehmen Sie sich Zeit,

- um Ihre *Ziele* sorgfältig zu wählen (s. S. 13),
- um sich immer wieder *Überblick zu verschaffen*,
- um die anstehenden Aufgaben *nach Prioritäten* zu ordnen,
- um sich Ihre *größeren Ziele und Wünsche immer wieder bewusst zu machen*,
- um an Ihren *künftigen Erfolgen* zu arbeiten,
- um *jeden Tag* zu planen und sinnvoll zu nutzen
- und um aus Ihrer Zeit ein *harmonisches und erfülltes Leben* zu gestalten.

8. Ideen muss man haben

»Einfälle und Ideen sind die Samenkörner aller menschlichen Leistungen und Werte.«
(G. Großmann)

8.1 Mit Ideen zum Erfolg

Machen Sie Ihre Ideen und Ihre Kreativität zu einem Eckpfeiler Ihres künftigen Erfolges.

Ideen als Erfolgs-Motor ...

Die Artikel-Serie »Mit Ideen zum Erfolg« der Frankfurter Allgemeinen Zeitung hat gezeigt, wie man gute Ideen zum Motor für Dynamik und Innovation machen kann.

Der Manager-Erfolg von morgen wird entscheidend von dessen Fähigkeit abhängen, selbst neue Gedanken zu entwickeln und die Kreativität seiner Mitarbeiter zu fördern und zu nutzen.

Neue Kundenvorteile verlangen neue Produkt-Ideen, neues Marketing, neues Kosten- und Prozess-Management. Nicht Rohstoffe und Kapital, sondern Wissen und Kreativität werden *die* Erfolgsfaktoren der Zukunft sein. Innovation muss *alle* Bereiche des Unternehmens umfassen.

... in allen Unternehmensbereichen ...

Und nicht nur Forscher, Entwickler, Designer und andere »Kreative« sind zur angestrengten Suche nach neuen Wegen und ständiger Verbesserung aufgerufen, sondern – wie es die japanische Kaizen-Philosophie verlangt – jeder Einzelne an seinem Arbeitsplatz.

... bei jedem einzelnen Mitarbeiter

Produkt-Innovationen müssen schneller marktreif werden (Speed to Market). Das Gute von heute müssen wir vorausschauend durch Besseres für morgen ersetzen. Denn:

> *»Kreativität ist die einzige Methode, um im großen weltweiten Wettbewerb zu überleben.«*
>
> (Sony Chef Akio Morita)

Suchen Sie ständig nach Verbesserungsmöglichkeiten in Ihrem Verantwortungsbereich. Produzieren Sie neue Ideen und seien Sie experimentierfreudig. Nutzen Sie alle Chancen und Methoden, um einzeln oder gemeinsam mit anderen mehr Kreativität zu entwickeln.

Kontinuierliche Verbesserung

8.2 Ideen lassen sich züchten

Ideen kommen nicht rein zufällig. Aber wir können sie auch nicht beliebig erzwingen. Kreativität ist zu einem großen Teil Veranlagungssache. Jeder verfügt jedoch über eine gewisse natürliche Kreativität, meistens auf einem bestimmten Gebiet wie z. B. Technik, Sprache

Jeder verfügt über Kreativität

oder Musik. Sie lässt sich in starkem Maße (positiv und negativ) beeinflussen. Die meisten lassen ihre schöpferischen Fähigkeiten verkümmern. Wir zeigen Ihnen, wie Sie Ihre kreative Produktivität stimulieren können.

Die Einstellung kreativer Manager

Zum Beispiel durch Änderung Ihrer *Einstellung* und Ihres Verhaltens. Was zeichnet kreative Manager aus?

- Sie haben keine Angst, auch einmal Fehler zu machen.
- Sie sind selbstsicher. Sie haben keine Angst, Fragen zu stellen.
- Sie sind nicht zufrieden mit dem Bestehenden.
- Sie haben viel Eigeninitiative.
- Sie setzen sich langfristige Ziele.
- Sie haben keine Angst vor Neuem.
- Sie lassen sich nicht durch Gewohnheiten und eingefahrene Gleise einschränken.
- Sie sind nicht leicht zu entmutigen und haben Ausdauer. – Sie sind begeisterungsfähig und können andere für ihre Ideen begeistern.
- Sie sind offen für die Ideen anderer.

(Nach Heinz Hoffmann)

Frage:
Inwiefern wollen Sie Ihre Einstellung und Ihr Verhalten in Richtung auf den »kreativen Manager« verändern? Heben Sie diese Punkte in der oben stehenden Liste mit einem Marker hervor.

8. 3 Wie Sie kreativer werden

a) Sich für Einfälle motivieren

Auf eigene Kreativität vertrauen

Machen Sie sich bewusst, dass gute Ideen ein entscheidender »Erfolgs-Katalysator« für Sie sein können. Gewinnen Sie Selbstvertrauen in Ihre kreativen Fähigkeiten.

Fragen:

- Mit welchen guten Ideen hatten Sie in der Vergangenheit Erfolg?
- Wofür suche ich Ideen?

Aufgabe:
Schreiben Sie ein bis drei Ihrer gegenwärtigen (beruflichen) Hauptziele und -probleme auf, zu denen Sie derzeit nach guten Ideen und Lösungen suchen. Halten Sie erste Einfälle dazu fest.

Suchen Sie stets nach möglichst *vielen Alternativen* für die Erreichung eines Zieles oder die Lösung eines Problems. Zunächst geht Quantität vor Qualität.

b) Verschaffen Sie sich Anregungen

Eintönigkeit und Ungestörtheit fördern die Konzentration, aber nicht unbedingt die Produktion von neuen Einfällen. Reizarmut lässt die Phantasie verkümmern.

Beim Anhören von Vorträgen, in Sitzungen und beim Lesen von Büchern und Zeitschriften kommen einem oft gute Ideen, die nichts mit dem behandelten Thema zu tun haben, sondern mit unseren eigenen aktuellen Plänen und Problemen.

Kreativität braucht Impulse

Ihr kreativer Geist braucht immer wieder neue Impulse, neue Umgebungen, neue Begegnungen, neue Eindrücke durch Reisen, Messen, Symposien, Tagungen, Literatur ...

Fragen:

- Wodurch, bei welchen Gelegenheiten wurde ich bisher zu guten neuen Einfällen angeregt?
- Was werde ich tun, um mich für Ideen zu meinen beruflichen Aufgaben zusätzlich zu stimulieren?

c) Sich Zeit nehmen

Ideen brauchen Zeit

Von Architekten, Erfindern und anderen »Kreativen« wissen wir: Ideen lassen sich nicht einfach abrufen. Wir brauchen Zeit, um uns in Ruhe mit unserem Thema auseinander zu setzen.

»Meine besten Ideen kommen mir gewöhnlich morgens beim Rasieren.«

(Denis Gabor)

Ein mir bekannter erfolgreicher Großmann-Methodiker (Ingenieur und Erfinder) macht am liebsten um zwei oder drei Uhr morgens seine Wie-Pläne.

»Die ideale Zeit (für gute Einfälle) ist doch die Zeit der Ruhe, der Entspannung, die Zeit der schöpferischen Ruhe; wenn wir losgelöst sind von allen Sorgen und wenn wir unserer Seele die Freiheit geben, mit Bildern zu spielen, wie es ihr wohl gefallen mag.«

(G. Großmann)

Fragen:

- Zu welchen Tageszeiten habe ich die meisten und die besten Einfälle?
- Plane ich regelmäßig Zeiträume für meine Ideenproduktion ein (ungestörte, »kreative Stunden«)?

d) Methodisches Vorgehen erhöht die Produktivität

Kreativitätstechniken wirken förderlich

Auch durch Anwendung von Kreativitäts-Methoden (s. S. 70 ff.) lassen sich Genie-Blitze nicht erzwingen. Immerhin lässt sich die Wahrscheinlichkeit, brauchbare Ideen zu finden, *vervielfachen*. Beginnen Sie erst einmal mit den einfachsten Techniken.

Probieren Sie aus, ob Sie mit einem *Schnellplan* oder einem Wie-Plan (s. S. 75 ff.) eher zu guten Einfällen und Lösungswegen kommen.

Häufig ergeben sich aus der Problem-Analyse und -Durchdringung bereits vielfältige Lösungsansätze.

Ideenfördernde Fragen sind dabei:

- Kann es nicht auch anders sein? (Kopernikus).
- Kann man es nicht auch anders sehen, machen oder lösen?

e) Gemeinsam Ideen suchen

Mehreren fällt mehr ein als einem. Seien Sie kein »einsamer Brüter«. Beteiligen Sie möglichst viele an der Ideenfindung. Nutzen Sie auch die gegenseitige Be-

Kreativität im Team

fruchtung (Cross Fertilization) durch moderne Kreativitätstechniken, wie z. B. des Brainstorming und des Brainwriting (s. S. 75 ff.). Achten Sie bei der Zusammensetzung eines »Kreativitäts-Teams« darauf, dass auch Betriebsfremde und Nicht-Fachleute mit herangezogen werden, um »frisches Blut« in die Diskussion zu bringen.

f) Erst die Phantasie, dann die Kritik

Quantität vor Qualität

Je mehr Ideen Sie produzieren, umso mehr brauchbare Lösungsansätze werden Sie erhalten. Lassen Sie deshalb zunächst Ihrer Phantasie ungehemmt freien Lauf. Verbieten Sie sich in dieser Phase jede Kritik und Bewertung; denn Kritik bremst den Gedankenfluss Ihrer kreativen rechten Gehirnhälfte. Erst wenn Ihnen nichts mehr einfällt, »schalten Sie auf die linke Gehirnhälfte um« und bewerten Ihre Einfälle. Verwerfen Sie nicht zu früh.

Denken Sie also erst bildhaft, intuitiv, assoziativ (rechtshirnig), *dann* logisch, kritisch, analytisch, ordnend (linkshirnig).

g) Routine erstickt Ideen

Kleinkram killt Kreativität

»Wer sich in Kleinkram verliert, wer untergeordnete Arbeit selbst verrichtet, der macht sich dadurch müde, verliert an Schwung und den Elan, ohne den eine schöpferische Leistung überhaupt nicht möglich ist.«

(G. Großmann)

»Routine work drives out non-routine work.«

(Warren Bennis)

h) Tag und Nacht schreibbereit!

»Was macht der gewöhnliche Mensch mit einem Einfall? Er vergisst ihn.«
(G. Großmann)

Ideen immer notieren

Tatsächlich kommen viele Ideen oft ungerufen, oft in ungewöhnlichen Situationen (im Auto, bei einem Empfang oder in der Sauna). Über 80 % unserer Einfälle haben wir, wenn wir »gerade etwas anderes machen«. So ist die Gefahr groß, dass wir sie nicht festhalten und einfach vergessen. Deshalb ist es wichtig, dass Sie immer und überall schreibbereit sind. Notieren Sie nicht nur ein Stichwort, sondern ganze Sätze. Im Auto sollten Sie Ihr Diktiergerät immer griffbereit haben.

»Gedanken sind Wertobjekte.«
(G. Großmann)

Ein Zettel mit einer guten Idee kann zu einem »Wertpapier« werden.

i) Ort und Umgebung

Dem Komponisten Bruckner kam einer seiner schönsten musikalischen Einfälle, als er gerade auf einem Berggipfel sein »Butterbrot auspapierlte.«

Kreativitätsfördernde Umstände

Es gibt Orte, Räume und menschliche Umgebungen, die unsere Einfallsfreude anregen oder lähmen.

Die Ideenfreudigkeit in Unternehmen wird nicht nur von Innenarchitektur und Ambiente beeinflusst, sondern mehr noch von dem vorherrschenden kreativitätsfördernden oder -hemmenden *Arbeitsklima.* Bevorzugen

Kreativität braucht »Luft zum Atmen«

Sie eine Firma, in der Kreative und Querdenker »Luft zum Atmen« haben.

8.4 Langer Atem für einen langen Weg

»Genie ist zu 1 % Inspiration und zu 99 % Transpiration.«

(Edison)

Realisation von Ideen braucht Beharrlichkeit

Vom faszinierenden Einfall bis zum produktionsreifen Produkt oder zum fertigen Werk ist es oft ein langer und steiniger Weg, der viel Zähigkeit und Ausdauer verlangt. Edison experimentierte mit Tausenden von leitenden Materialien, bis er eine erste funktionsfähige Glühlampe in der Hand hielt. Rüsten Sie sich mit der Beharrlichkeit eines Besessenen, um Ihre guten Ideen bis zur Reife zu entwickeln.

8.5 Ideen »verkaufen« und durchsetzen

Neues stößt auf Widerstand

Alle Organisationen tendieren dazu, alles so zu machen wie bisher. Beharrungsvermögen dominiert die meisten Menschen. Wer mit neuen Ideen kommt, die vor allem von den Betroffenen Änderungen in ihrem Denken und Handeln verlangen, muss eher mit Ablehnung als mit Unterstützung rechnen. Ein weiterer Ablehnungsgrund ist der Ärger, nicht selbst auf den neuen Gedanken gekommen zu sein. (»Not invented here«-Syndrom = »Nicht auf unserem Mist gewachsen«.)

Ideen sorgfältig den Weg ebnen

Kurzum: Auch gute Ideen müssen in der Regel geschickt »verkauft« und mit Geduld und Energie durchgesetzt werden. Überlegen Sie sorgfältig, wie Sie Ihre Idee entrieren, präsentieren und implantieren wollen.

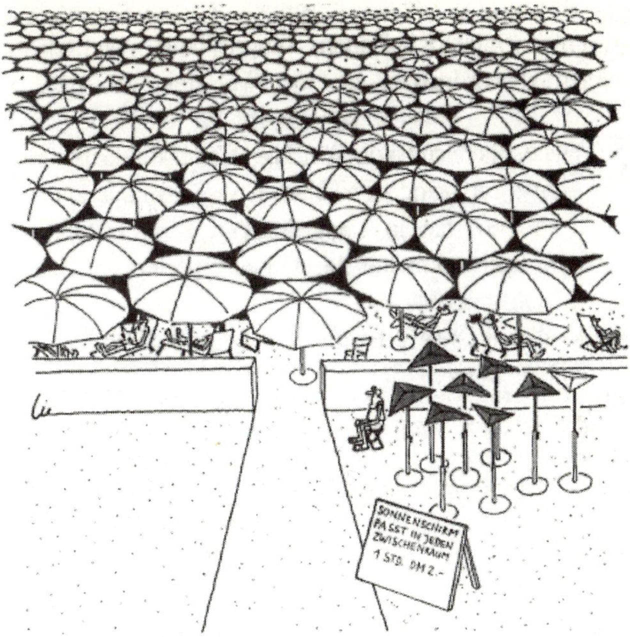

8.6 Ideen sammeln, ordnen und bewerten

»Die Krone allen Sammelns
aber ist das Sammeln unserer Einfälle
und die schönste aller Liebhabereien
ist die Pflege unserer Einfälle,
ihre Verwandlung in Werte.«

(G. Großmann)

Alle berufsbezogenen Ideen werden schnellstmöglich den entsprechnenden Wie-Plänen, Aktionsplänen oder Arbeitsordnern zugeordnet.

»Ideen-Sparschweine«

Für Themenbereiche wie Vorträge, Manuskripte usw., die nicht unter Zeitdruck zu bearbeiten sind, sammle ich meine Ideen zunächst in Hänge-Mappen (z. B. Leitz Alpha Nr. 1915). Das sind meine »Ideen-Sparschweine«.

Bewertungskriterien

Die Bewertung einer Idee kann nach folgenden Kriterien vorgenommen werden:

- Ein wichtiges / weniger wichtiges Thema.
- Ist sofort verwertbar.
- Bedarf der Erprobung.
- Sollte weiter untersucht und entwickelt werden.
- Eine neue Betrachtungsweise.

8.7 Ideen verwerten

Schnelle und optimale Verwertung

Die meisten Ideen »sterben« im Frühstadium: Sie werden vergessen, nicht erkannt, nicht aufgegriffen, nicht weiterverfolgt. Deshalb noch einmal: Halten Sie alle Ideen sofort und ausreichend fest. Prüfen Sie sorgfältig deren möglichen Wert, bevor Sie sie verwerfen. Entwickeln Sie neue Denkansätze weiter; machen Sie sie schnell erprobungs- und anwendungsreif. Setzen Sie einen neuen Vorteil für Ihre Kunden gebührend in Szene. Feiern Sie die mit neuen Ideen erzielten Erfolge. Werden Sie auch Meister in der *optimalen Verwertung* Ihrer Ideen.

8.8 Zusammenfassung

Die Fähigkeit, neue Ideen zu entwickeln, kann für viele zum persönlichen Erfolgsfaktor Nr. 1 werden. Jeder verfügt über ein kreatives Potential. Stimulieren Sie Ihre eigenen Kreativkräfte. Nutzen Sie alle erprobten Methoden und Techniken, um – einzeln oder gemeinsam – Ihre Ideenproduktivität zu vervielfachen. Fördern Sie als Manager Innovation systematisch, schaffen Sie eine Kultur der ständigen Verbesserung und der Offenheit für Neues. Belohnen Sie Innovationen schnell und sichtbar.

9. Fitness fördert Vorwärtskommen

»Gesundheit ist nicht alles.
Aber ohne Gesundheit ist alles nichts.«
(Schopenhauer)

9.1 Gesundheit und Erfolg

Jeder weiß: Krank sein und Erfolg haben, das verträgt sich schlecht. Wer sich gesundheitliche Schwächen und Einbrüche »leistet«, muss zurückstecken.

Gesundheit – ein Erfolgsfaktor

Und wir wissen auch: Körperliche und seelische Fitness machen uns stärker. Wer top-fit ist und »gut drauf«, fördert seinen Berufserfolg. *Gesundheit ist ein persönlicher Erfolgsfaktor erster Ordnung!*

Etwa 80 % der Deutschen halten Gesundheit sogar »für das Wichtigste im Leben« (Allensbach). Doch sind wir auch bereit, mehr *Geld* und mehr *Zeit* für unsere Gesunderhaltung einzusetzen als für alles andere?

Frage:
Welche Bedeutung hat meine Gesundheit für meinen Berufserfolg und für mein künftiges Lebensglück?

9.2 Was können Sie selbst für und gegen Ihre Gesundheit tun?

Falsches Gesundheitsbewusstsein

Vier Vorurteile prägen unser »falsches Gesundheitsbewusstsein«. Wir glauben:

1. Gesundheit sei in erster Linie eine Sache der *erblichen Veranlagung*, also durch eigenes Zutun wenig zu beeinflussen;

2. dass Gesundbleiben oder Krankwerden vor allem »*Schicksal*« oder Zufall ist;

3. dass gesünder leben *Verzicht auf Lebensfreude* und Lebensgenuss verlangt und viel Selbstdisziplin erfordert;

4. dass uns im Krankheitsfall *der Arzt* kurieren könnte.

Ohne Zweifel ist Gesundheit auch Veranlagungssache, und es gibt schicksalhafte Erkrankungen, denen man nicht vorbeugen kann. Trotz dieser Einschränkungen gilt: *Wir haben es weitgehend selbst in der Hand, wie gesund wir in Zukunft sein werden.*

Aufgrund umfangreicher gesicherter medizinischer Erkenntnisse wissen wir, welche Verhaltensweisen

- krank machen
- gesund erhalten.

Keine Gesundheits-Garantie ...

Zwar gibt es keine Verhaltensrezepte, die einem Gesundheit garantieren. Aber man kann die *Wahrscheinlichkeit* gesund zu bleiben wesentlich erhöhen und man kann die Wahrscheinlichkeit zu erkranken stark herabsetzen.

Die Hälfte aller Erkrankungen hätten durch ein anderes Verhalten vermieden werden können.

... aber gezielte Vorbeugung

Sie können *Erkrankungen weitgehend vorbeugen*, Ihre *Fitness und Vitalität* kräftigen, Ihr Wohlbefinden steigern.

Aufgabe:
Ich bin überzeugt, dass ich meine meine künftige Gesundheit durch mein Verhalten in starkem Maße positiv und negativ beeinflussen kann.

☐ ja ☐ nein

9.3 Welchen Grad von Gesundheit wollen Sie erreichen?

Die Weltgesundheitsorganisation (WHO) definiert Gesundheit als »körperliches, seelisches und soziales Wohlbefinden«. Gesundsein heißt also mehr als schmerzfrei sein.

Zwischen super-top-fit-sein und gerade-noch-nicht-krank-sein liegt eine riesige Spannweite.

Spitzenleistung erfordert Spitzen-Fitness

Wer Außergewöhnliches erreichen will, braucht auch eine besonders gute körperliche Verfassung. Spitzenunternehmer und -manager verfügen in der Regel auch über eine ungewöhnliche psychische Belastbarkeit.

Machen Sie sich eine Art Idealbild von sich selbst in einem Zustand »bester Gesundheit«. Sie wollen beispielsweise gut und attraktiv aussehen, Sie sind körperlich fit, energiegeladen, kraftvoll und aktiv. Sie gelten als ausgeglichen, gut gelaunt, aufmunternd und kontaktfreudig.

Aufgabe:
Beschreiben Sie, welche Art oder welchen Grad von Gesundheit Sie sich für Ihre Zukunft wünschen (z. B. »sportlich aussehend, aktiv, tatendurstig, vital, belastbar« usw.).

Fitness als strategische Waffe

Geben Sie sich nicht damit zufrieden, selten krank oder unpässlich zu sein. Streben Sie einen Grad von Gesundheit an, der Ihnen außerordentliche Leistungen ermöglicht und erleichtert. Entwickeln Sie Spitzen-Fitness und setzen Sie Ihre überlegene Vitalität und Spannkraft als eine strategische Waffe voll ein.

9.4 Motivieren Sie sich mit den Vorteilen einer guten Gesundheit

Um ein höheres Gesundheitsniveau zu erreichen, brauchen Sie als Erstes *Motivation*: Sie müssen die Vorteile erkennen, über mehr Kraft und Energie zu verfügen, den

Weg dorthin wissen und von der Erreichbarkeit überzeugt sein. Dann wird es Ihnen auch gelingen, einiges in Ihren bisherigen Lebensgewohnheiten zu verändern, einiges neu aufzugreifen und anderes zu unterlassen.

Gewohnheiten ändern

Gesund leben ist zum großen Teil eine *Gewohnheitssache*. Aber leider fällt uns jede Veränderung unseres Verhaltens – auch wenn sie uns durchaus sinnvoll erscheint – zunächst schwer. Jedoch lässt jedes Verhalten durch ein anderes Verhalten ersetzen, dem wir schließlich ebenso mühelos folgen.

Vorteile bewusst machen

Machen Sie sich die *Vorteile* bewusst, die Sie sich durch eine überdurchschnittliche Gesundheit verschaffen wollen.

Zum Beispiel:

- Frische und Tatkraft am Morgen.
- Belastbar und leistungsfähig sein.
- Gut und gesund aussehen.
- Sportlich und jugendlich wirken.
- Eine positive Ausstrahlung haben.
- Sympathien bei Ihren Partnern erwecken.
- Geringe Krankheitsanfälligkeit.
- Sich schnell regenerieren.
- Körperliches Wohlbefinden.
- Das Leben uneingeschränkt genießen.

Aufgabe:
Durch bewusste und systematische Stärkung meiner Gesundheit will ich folgende Vorteile erreichen:

9.5 Wissen, was krank macht und was fit hält

Wodurch wird meine Gesundheit am meisten bedroht? Was macht krank? Was erhält gesund? Was macht mich stärker – körperlich und seelisch?

Gesundheits-Wissen aneignen

Zu diesen Gesundheits-Fragen müssen Sie sich *fundiertes Basiswissen aneignen*. Zum Beispiel haben viele übertriebene Angst vor »Gift in der Nahrung« durch Dünge- oder Pflanzenschutzmittel; andere unterschätzen die Gefahren des Übergewichts oder des Rauchens.

Sie müssen vor allem die wirklich *wichtigen Gefährdungsmomente* kennen lernen. Und was Sie tun können, um unnötiger und vorzeitiger Erkrankung vorzubeugen (Prävention).

Die gefährlichste Krankheitsgruppe sind gegenwärtig die Herz-Kreislauf-Erkrankungen; sie verursachen jeden zweiten Todesfall. Dem gehen allerdings in der Regel auch Jahre verminderter Lebensqualität voraus.

Die Ursachen für Herz-Kreislauf-Erkrankungen werden auch als Risikofaktoren bezeichnet.

Risikofaktoren

Risikofaktoren 1. Ordnung:

- hoher Blutdruck
- hohe Blutfettwerte
- Rauchen
- Diabetes

Risikofaktoren 2. Ordnung:

- Übergewicht
- Bewegungsmangel
- zu hohe Harnsäurewerte
- Stress (Disstress)

Diese acht Risikofaktoren bedrohen in erster Linie Ihren künftigen Berufserfolg, Ihre Lebensqualität und Ihre Lebenserwartung. Lernen Sie sie unbedingt auswendig.

8 Gesundheits-Regeln

Daraus lassen sich ableiten: Die entscheidend wichtigen

8 Gesundheits-Regeln

Wissen und Motivotion

1. Verschaffen Sie sich solides medizinisches Grundwissen. Und motivieren Sie sich zu einer gesundheitsfördernden Lebensweise.

Check-up alle 2 Jahre

2. Spätestens alle zwei Jahre Blutdruck, Blutfettwerte, Blutzuckerwerte und Harnsäurewerte überprüfen und gegebenenfalls behandeln lassen.

Nicht Rauchen

3. Nicht Rauchen.
   Es ist der gefährlichste Risikofaktor. Sie sollten diese Gewohnheit unbedingt aufgeben.

Normalgewicht

4. Für Normalgewicht sorgen.
   Die einfachste Formel lautet: Körpergröße ./. 100 = ... kg Körpergewicht. Fast die Hälfte der Deutschen sind übergewichtig.

5. Das »Richtige« essen.
Nicht zu fett essen, ballaststoffreich (Müsli, Vollkornbrot, Obst, Gemüse), nicht zu salzig, nicht zu süß. Grobe Richtlinie: 50 – 60 % Kohlehydrate, 25 – 30 % Fett, 15 – 20 % Eiweiß.

Gesunde Ernährung

6. Sich ausreichend bewegen.
Ausdauersport (wie Joggen, Radfahren, Schwimmen, Bergsteigen, Skilanglauf) mindestens 90 Minuten pro Woche auf mindestens 3 Tage verteilt. Angemessen ist Ihre Anstrengung bei einem Puls von 180 ./. Lebensalter. Ein 40-Jähriger sollte also bei seinem Training z. B. eine Pulsfrequenz von 140 haben. Wer längere Zeit kaum Sport getrieben hat, sollte sich vor Trainingsbeginn untersuchen lassen.

Ausreichende Bewegung

7. Stress vermeiden, sich entspannen.
Eignen Sie sich autogenes Training oder andere Entspannungtechniken an und üben Sie sie regelmäßig aus.

Entspannung

9.6 Mit Gesundheits-Analyse zum Gesundheits-Programm

Der *medizinische Check-up* (Vorsorgeuntersuchung) dient dem Auffinden noch nicht erkannter Krankheiten im Frühstadium.

Sie sollten einen Schritt weiter gehen und aufgrund der nachfolgenden kleinen Analyse ein individuelles *Vorbeugungs- und Fitness-Programm* für sich aufstellen. Zielrichtung: Erkrankung vorbeugen, Abwehrkräfte stärken, körperliche und seelische Gesundheit »trainieren« und sich in Höchstform bringen.

Individuelles Gesundheits-Programm

Durch Bearbeitung folgender Fragen werden Sie Ihren gesundheitlichen Ist-Zustand und Ihr gesundheitsrelevantes Verhalten besser erkennen.

Fragen:

1. Häufige bei Blutsverwandten in Erscheinung getretene Erkrankungen? (Ergibt Hinweis auf mögliche erhöhte Anfälligkeit für bestimmte Krankheiten.)
2. Erkrankungen /Störungen in den letzten 12 Monaten?
3. Ich kontrolliere jährlich meine Blutdruckwerte:
   ☐ ja ☐ nein
4. Ich kontrolliere jährlich meine Blutfettwerte:
   ☐ ja ☐ nein
5. Ich kontrolliere jährlich meine Blutzuckerwerte:
   ☐ ja ☐ nein
6. Ich kontrolliere jährlich meine Harnsäurewerte:
   ☐ ja ☐ nein
7. Ich unterziehe mich jährlich einem umfassenden medizinischen Check-up (Vorsorgeuntersuchung):
   ☐ ja ☐ nein
8. Ich bin Nicht-Raucher:
   ☐ ja ☐ nein
   Ich rauche täglich ...
   ☐ ja ☐ nein
9. Ich habe Normalgewicht:
   ☐ ja ☐ nein
10. Die Zusammensetzung meiner Ernährung ist ausgewogen: ☐ ja ☐ nein

Fragen:

11. Ich treibe regelmäßig Ausdauersport:
☐ ja ☐ nein

12. Ich stehe selten unter starkem Stress:
☐ ja ☐ nein

13. Ich wende Entspannungstechniken an:
☐ ja ☐ nein

14. Ich gehe 2-mal im Jahr zum Zahnarzt:
☐ ja ☐ nein

15. Ich weiß über Gesundheit Bescheid:
☐ ja ☐ nein

Haben Sie alle Fragen positiv beantwortet, so können Sie Ihr gesundheitliches Verhalten mit »ausgezeichnet« einstufen. Nein-Antworten zeigen Ihnen, wo Sie bei Ihrem persönlichen Gesundheits-Programm ansetzen sollten.

9.7 Gesundheitliche Ziele und Konsequenzen

Gesundheit erfordert Energie und Konsequenz

Beim Gesünder-Leben kommt es auf wenige entscheidende Dinge an. Es erfordert einen relativ geringen Zeitaufwand (z. B. für regelmäßigen Ausdauersport) und praktisch keinen finanziellen Mehraufwand. Nur die Energie, sich etwas umzustellen, und die Konsequenz, es beizubehalten.

- *Sensibilisieren Sie sich für Ihre Gesundheit.*

Spitzenplatz in Ziele-Pyramide

- *Machen Sie sich immer wieder bewusst, wie wichtig Ihre körperliche und seelische Gesundheit für Ihren Berufserfolg, aber auch für ein erfülltes und langes Leben ist. Räumen Sie Ihrer Gesundheit in Ihrer Ziele-Pyramide einen Spitzenplatz ein.*

- *Sie selbst haben es durch Ihr Verhalten weitgehend in der Hand, ob Sie für den »Rest Ihres Lebens« auf gute Gesundheit bauen können.*

- Machen Sie Ihren trainierten und widerstandsfähigen Körper zu einem Kraft- und Energiespender und zu einem soliden Grundstein für Ihre Zukunftsplanung.

- Verändern Sie Ihren Lebensstil in Richtung auf »maximale Gesundheit«.

- Ziehen Sie Konsequenzen aus der vorausgegangenen kurzen Gesundheits-Analyse:

Aufgabe:
- Ich beginne mein persönliches Gesundheitsprogramm mit folgender Maßnahme:
- Ich trage meine Gesundheitsziele und -aufgaben in meine Jahres-, Monats- und Tagespläne ein.
- Ich mache einen Schnellplan bzw. Wie-Plan (s. S. 75) zum Thema Gesundheit.

10. Ihr »Netzwerk der Sympathien«

»Zu den Erfolgsfähigkeiten gehören aber auch unsere Sympathiekräfte, das Freund-sein-Können und das Freunde-gewinnen-Können und das Freunde-erhalten-Können.«

(G. Großmann)

10.1 Kontakte suchen, aufbauen und pflegen

Soziale Kompetenz als Erfolgsfaktor

Wer gut mit Menschen umgehen kann, wird schneller vorwärts kommen (s. S. 35). Und er wird im Laufe der Zeit immer mehr Bekannte und Freunde gewinnen.

Ein solches »Netzwerk der Sympathien« ist generell ein wichtiger erfolgsfördernder Faktor. Aber auch nicht mehr.

Nutzen bieten

Denn um's »Nutzen-Bieten« wollen wir uns nicht drücken. Wer *nur* durch »Vitamin B« vorankommen will, wird scheitern.

Zunächst ist der *Umfang unseres persönlichen Bekanntenkreises* schon ein ganz brauchbarer Maßstab für unsere Fähigkeit, Kontakte zu knüpfen und Sympathien zu gewinnen. Kontaktängstliche und -schwache Menschen leben meist ziemlich isoliert. Auch wie viel Zeit wir mit Bekannten und Freunden verbringen – unsere »Kontaktintensität« – gibt Aufschlüsse über unser soziales Verhalten.

Soziales »Eingebettetsein« als Lebensziel

Sehen Sie Ihren Freundes- und Bekanntenkreis nicht nur unter dem Aspekt möglicher beruflicher und materieller Vorteile. Verschiedene Untersuchungen haben übereinstimmend ergeben, dass Zufriedenheit und »Lebensglück« weniger von der Höhe des Einkommens als vom Grad des sozialen »Eingebettetseins« abhängen. Zu einer verschworenen Stammtisch-Runde zu gehören oder ein von vielen geschätzter Vereinskamerad zu sein ist für viele Menschen ein bedeutender Wert.

»Es gibt kaum ein beglückenderes Gefühl
als zu spüren, dass man für andere Menschen
etwas sein kann. Dabei kommt es gar nicht
auf die Zahl, sondern auf die Intensität an.
Schließlich sind eben die menschlichen
Beziehungen doch einfach
das Wichtigste im Leben.«

(D. Bonhoeffer)

Vorteile im beruflichen Bereich

Schon allein für den beruflichen Bereich können Sie von einem Netz persönlicher Kontakte eine Reihe von Vorteilen erwarten:

- Oft stehen wir *»unübersichtlichen Märkten«* gegenüber. Über die »Buschtrommel« können wir dann oft von Bekannten schnell erfahren, wer z. B. auf einem bestimmten Gebiet der fähigste Anwalt ist, welche Werbeagenturen sich bewährt haben und wo man die beste Beratung bei der Vermögensanlage bekommt.

Den Besten finden

- Manchmal ist es schwierig, an »hohe Herren« in Unternehmen, Behörden und Organisationen »heranzukommen«. Bekannte können einem *Türen öffnen.*

»Türöffner«

- Zur Vorbereitung einer Verhandlung mit einem wichtigen uns noch unbekannten Partner sollte man einiges über seinen persönlichen Werdegang, seine Charaktereigenschaften und seine Marotten wissen. Gemeinsame Bekannte können uns mit *Hintergrundinformation* versorgen.

Hintergrundinformationen

- Es gelingt Ihnen leichter, *Bürgschaften und Empfehlungen* zu bekommen, um z. B. in exklusive sportliche oder gesellschaftliche Vereinigungen aufgenommen zu werden.

Referenzen

- Das häufige persönliche Erscheinen auf Vereinsabenden, Verbandstagungen, Symposien und Empfängen fördert Ihren *Bekanntheitsgrad* in der »Business Community«.

Höherer Bekanntheitsgrad

10.2 Ein Netzwerk von Beziehungen knüpfen

Wie lassen sich Kontakte knüpfen, ausbauen und pflegen?

Im *beruflichen Bereich* sollten Sie zunächst einmal Ihre Beziehungen *innerhalb Ihres Unternehmens* überprüfen – zu Vorgesetzten, Kollegen oder Mitarbeitern, mit denen Sie häufiger zu tun haben. Ein weiterer Bereich umfasst alle für Sie bedeutsamen Kontakte *außerhalb Ihres Unternehmens*, z. B. zu Kunden, Lieferanten, Beratern, Dienstleistern, Verbandskollegen, Behördenvertretern und Studienkollegen. Wollen Sie diese Kontakte erweitern und intensivieren?

Beziehungspflege überprüfen

Detailfragen Ihres Planes zur beruflichen Beziehungspflege könnten sein: Knüpfen Sie bewusst bei allen Gelegenheiten neue Kontakte? Pflegen Sie vorhandene Kontakte durch Telefonanrufe, Essens-Verabredungen, persönliche Besuche usw.?
Wer steht auf Ihrer Geburtstagsliste? Sammeln Sie Visitenkarten und vermerken Sie Wissenswertes zur Person (wie kennen gelernt, Interessengebiete etc.)? Besuchen Sie größere Empfänge, Jahrestagungen usw., auch um alte Bekannte wieder zu sehen und neue Verbindungen zu knüpfen?

Im privaten Bereich: Welche Rolle spielen Freundschaften und Bekanntschaften? Wie aktiv beteiligen Sie sich in sportlichen, kulturellen, wissenschaftlichen, karitativen oder politischen Vereinigungen?

Kontakte aufbauen und nutzen

Die folgenden *Fragen* werden es Ihnen erleichtern, das Netzwerk Ihrer persönlichen Kontakte und Beziehungen auszubauen, zu intensivieren und besser zu nutzen.

Leitfragen:

- Wie schätze ich meine Fähigkeit ein, Kontakte zu knüpfen und zu entwickeln? (1 = sehr gering, 5 = mittel, 9 = sehr hoch)

  1 2 3 4 5 6 7 8 9

- Anzahl meiner privaten Freunde und Bekannten?
- Anzahl meiner geschäftlichen Freunde und Bekannten (auch firmeninterne Beziehungen)?
- Habe ich eine Kartei/Datei meiner Bekannten (mit Adresse, Geburtstag, Hobbys usw.)?
- Wie pflege ich meinen Bekanntenkreis (beruflich und privat)?
- Wie viel Zeit widme ich monatlich meinen Bekannten bzw. gemeinsamen Aktivitäten?
- Welchen Verbänden, Vereinen (Geselligkeit, Sport, Hobbys), politischen und sozialen Einrichtungen gehöre ich an?
- Wie viel Zeit verbringe ich monatlich mit der Teilnahme und Mitwirkung an Veranstaltungen dieser Vereinigungen?
- Wie will ich meine Fähigkeit, mit Menschen umzugehen, verbessern?
- Was will ich tun, um meine Kontakte zu erweitern und zu intensivieren?
- Hatte ich schwerwiegende Konflikte? (Wodurch kann ich dem künftig vorbeugen?)
- In die »Liste meiner monatlich wiederkehrenden Aufgaben«: wem helfen, wem danken, wen erfreuen?

11. Sparen, Vermögen mehren und sich sichern

»Geld ist nichts, aber viel Geld, das ist etwas anderes.«

(G. B. Shaw)

11.1 Ihr Kapital soll mitverdienen

Schlechtes Finanzmanagement

Die meisten Menschen managen ihre persönlichen Finanzen schlecht: Sie sparen zu wenig oder am falschen Fleck; sie haben keinen guten Überblick über ihre Finanzangelegenheiten; sie haben keine langfristigen Finanzziele; ihre Anlagepolitik ist unsystematisch, ebenso ihre Risikopolitik; ihr Finanzmanagement ist nicht in ihre gesamte Lebensplanung integriert.

Hohe Sparquote

Im Durchschnitt sparen die Deutschen etwa 13 % ihres verfügbaren Einkommens (Sparquote). Und im Durchschnitt besitzt jeder Deutsche bereits ein Geldvermögen von etwa 25 000 Euro – Grund genug, um über eine vernünftige Anlage nachzudenken.

Finanzplan als Teil des Lebensplans

Unser Lebensplan (s. S. 87 ff.) beinhaltet in der Regel auch materielle Ziele, wie zum Beispiel den Erwerb eines Hauses oder einer Wohnung. *Wer sich materielle Ziele setzt und Pläne macht, wie er sie erreichen könnte, wird mit größerer Wahrscheinlichkeit Erfolg haben als ein zielloser Improvisierer.* Und er schützt sich davor, eines Tages vor dem finanziellen Ruin zu stehen.

6 Finanzziele

In seinem lesenswerten und nützlichen Ratgeber »Reich werden nach Plan« nennt Katzenstein sechs große *Finanzziele*: Reservekapital für den Notfall bilden; Schulden reduzieren; Immobilien erwerben; sich gegen Risiken absichern; einen komfortablen Ruhestand sichern; Geld gut und sicher anlegen. Nebenmotive: mehr Ansehen, Unabhängigkeit und Sicherheit gewinnen.

Aufgabe:

- Träumen Sie schriftlich von kühnen und schönen (Finanz-)Zielen!
- Welches sind Ihre Finanz-Ziele (Thema und Betrag)?

11.2 Der erste Schritt: Ordnung und Übersicht

1 x 1 des Finanz-Managements

Im Folgenden schildern wir das »kleine 1 x 1 des persönlichen Finanz-Managements«. Unternehmer und Selbständige bedürfen selbstverständlich einer viel ausgefeilteren Finanzpolitik.

Ich empfehle als ersten Schritt, alle finanzbezogenen Unterlagen in einem *Finanz-Ordner* nach folgendem Gliederungsschema zusammenzufassen:

Alle Finanz-Unterlagen zusammenfassen

1. Bankkonten
   - a) Girokonten
   - b) Sparkonten
   - c) Festgeldkonten mit Kontonummern, Betrag, Laufzeit, Konditionen usw.
   - d) Wertpapiere
   - e) Schließfach
2. Darlehensverträge mit
   - a) Banken
   - b) Bausparkassen
   - c) Kreditkarten-Verträge
   - d) Sonstige
3. Forderungen
4. Verträge und finanzrelevante Absprachen mit dem Arbeitgeber
5. Immobilien
6. Versicherungen
   - a) Alters- und Rentenversicherung
   - b) Berufsunfähigkeitsversicherung
   - c) Lebensversicherung
   - d) sonstige Versicherungen

Wichtig: Schützen Sie Ihre Finanz-Daten vor dem Einblick Unbefugter.

11.3 Sparen und budgetieren

»Der ist reich, der arbeitet und sammelt.«
(Jesaja)

Fakten erfassen und analysieren

Persönliche Finanzplanung beginnt mit der Erfassung der Fakten und deren Analyse.

Einnahmen, Ausgaben

Gustav Großmann schlug bereits vor, die monatlichen *Einnahmen und Ausgaben* zu budgetieren und in einem »Monatsdoppelblatt« (ratio-Verlag) die täglichen Ausgaben nach Konten geordnet zu verfolgen.

Monatliches Nettoeinkommen

Dem laufenden Nettoeinkommen sind sonstige Einkünfte nach Steuern wie Nebenverdienst, Mieteinnahmen, Zinsen und Dividenden hinzuzufügen; alles zusammen geteilt durch 12 ergibt *das gesamte monatliche Nettoeinkommen.*

Die monatlichen *Ausgaben* lassen sich rubrizieren in

- Wohnen, Heizen, Strom
- Nahrungsmittel, Getränke, Tabak
- Auto, Verkehr, Telefon
- Versicherungen (nicht kapitalbindend)
- Freizeit, Bildung, Unterhaltung
- Möbel, Hausrat
- Bekleidung
- Urlaub, Reisen
- Gesundheit, Körperpflege
- Sparen (incl. Tilgungen, kapitalbildende Versicherungen)
- Sonstiges

Verfügbares Einkommen

Stellen Sie schließlich auch Ihr *verfügbares Einkommen* (nach Abzug von fixen Ausgaben wie Wohnungsmiete, Rückzahlungsraten usw.) fest. Damit vermeiden Sie Liquiditätsengpässe.

Große Ausgaben-Posten

Es lohnt sich, die großen *Ausgaben-Posten* wie Essen, Trinken, Wohnen, Urlaub usw. unter die Lupe zu nehmen. So machen Sie sich klar, *wofür* Sie Ihr Geld ausgeben. Sie werden Ihr Geld sinnvoller und bewusster ausgeben, dadurch mehr sparen – ohne an Lebensqualität einzubüßen. Mit konsequenter Ausgabensteuerung lässt sich oft ein Monatsgehalt im Jahr »dazuverdienen«.

Ausgaben-Wünsche

Und es lohnt sich auch, auf einem Blatt (z. B. im Zeitplanbuch) die wichtigeren *Ausgaben-Wünsche* und Anschaffungs-Vorhaben erst einmal zu sammeln und aufzulisten, bevor wir sie tätigen. *So schützen wir uns selbst vor größeren unüberlegten Spontan- und Impulskäufen.*

Sparziele motivieren

Nehmen Sie sich nicht einfach vor, »sparsamer zu sein«, sondern motivieren Sie sich mit attraktiven Sparzielen.

Jahresbudget

Stellen Sie ein *Jahresbudget* Ihrer Haupt-Einnahmen und Ausgaben auf, bei dem *der zu ersparende Jahresbetrag* eine besondere Rolle spielen sollte.

Kontrolle

Kontrollieren Sie Ihre Ziele regelmäßig, am besten monatlich, gegebenenfalls gemeinsam mit Ihrem Ehepartner.

11.4 Einkommen und Vermögen planen

»Wer genau weiß, was er hat, hat meistens nicht viel.«
(Paul Geny)

Vermögensbilanz

Wer (noch) kein Multimillionär ist, sollte genau wissen, was er hat. Denn das ist der Ausgangspunkt jedes systematischen und daher erfolgreicheren Finanz-Managements.

Ein Schema für Ihre persönliche Vermögensbilanz:

Vermögen:

1. Bargeld, laufende Konten
2. Sparkonten und Festgelder
3. Festverzinsliche Wertpapiere
4. Aktien und Investmentfonds, Finanzinstrumente
5. Lebensversicherungen (Rückkaufwert)
6. Immobilien

7. Bewegliche Gegenstände – Wohnungseinrichtung – Autos – Gold, Silber, Schmuck etc. – Sammlungen
8. Forderungen
9. Sonstiges Vermögen (z. B. Bausparverträge)

Schulden:

1. Kontokorrentkredite
2. Ratenkredite
3. Bauspardarlehen
4. Arbeitgeberdarlehen
5. Darlehen von Lebensversicherungen
6. Hypotheken und Grundschulden
7. Sonstige Schulden

Aufgabe:
Stellen Sie künftig mindestens jährlich (Jahresplan!) Ihr Nettovermögen (Vermögen minus Schulden) fest und zeichnen Sie dessen Entwicklung graphisch auf.

11.5 Projektion: Einkommen und Ersparnis

Einkommensentwicklung

Das Durchschnittseinkommen (brutto) der Deutschen (West) stieg in den letzten 10 Jahren laut Statistischem Bundesamt um 3,5 % pro Jahr. Gleichzeitig betrug jedoch die Geldentwertung 2,4 %, so dass sich die Realeinkommen nicht einmal halb so schnell vermehrten, nämlich nur um 1,1 %.

Aufgabe:
Stellen Sie fest, wie sich Ihr reales Netto-Einkommen in den letzten 10 Jahren entwickelt hat, und machen Sie entsprechende Annahmen für Ihr Einkommen in 10 und 20 Jahren.

Inflation berücksichtigen

Vergessen Sie dabei nicht Ihre Vermögenserträge wie Zinsen, Dividenden und Mieten. Bei einer jährlichen Netto-Einkommenssteigerung (nach Steuern) von 4 % verdienen Sie beispielsweise in 10 Jahren das 1,5fache, in 20 Jahren das 2,2fache Ihres heutigen Einkommens. Eventuell etwas weniger wegen erhöhter Steuerprogression. Ihr reales Nettoeinkommen (nach Abzug der Inflationsrate) würde jedoch nur um 1 % bis 2 % wachsen.

Aufgabe:
- Überlegen Sie, wie hoch (in jedem Jahr) Ihre absoluten Ersparnisbeträge (Einnahmen minus Ausgaben) sein werden.
- Welche Summen ergeben sich innerhalb von 10 und 20 Jahren?

Inflation, Steuern

Bei allen Ihren Zukunftsprojektionen sollten Sie jedenfalls *Geldentwertung und Steuern* berücksichtigen. Bei einer Inflationsrate von 3 % und einem Grenzsteuersatz von 40 % sowie einer Vermögenssteuer von 0,5 % bzw. 1 % muss der Zinssatz bereits 5 % ausmachen, damit Sie den realen Wert Ihres Kapitals auch nur erhalten können.

11.6 Anlageformen

Jeder wünscht sich, seine Ersparnisse oder sein Anlagekapital durch geschickte Anlage innerhalb der nächsten Jahrzehnte zu vervielfachen.

Renditen-Vergleiche

Die häufig publizierten *Vergleiche der »Renditen«* verschiedener Anlageformen sind oft problematisch, wenn willkürlich bestimmte Ausgangszeitpunkte gewählt, wenn Inflationsentwicklung und Steuern nicht ausreichend berücksichtigt und auch die Unterschiedlichkeit der Risiken außer Acht gelassen wurden. Prüfen Sie daher stets kritisch die Berechnungsmethoden.

Sparbuch, Bausparvertrag

Die ungünstigsten Anlageformen sind das *Sparbuch* und der *Bausparvertrag*. Die Renditen sind niedrig und die Sicherheit ist nicht höher als bei verschiedenen festverzinslichen Wertpapieren.

Aktien

Im letzten Jahrzehnt (1985 bis 1995) stiegen die deutschen *Aktien* nach dem DAX-Index um durchschnittlich 6,5 % (einschließlich Dividendenerträgen). Daraus lässt sich nicht ableiten, dass es in den nächsten Jahrzehnten so weitergehen wird. In den 60er Jahren beispielsweise stagnierten die deutschen Aktienwerte weitgehend. Über mehrere Jahrzehnte hinweg betrachtet, schneidet die Aktie (auch international) besser ab als das festverzinsliche Wertpapier.

Die Erträge aus Aktien ergeben sich überwiegend aus Kursgewinnen und nur zum kleinen Teil aus Dividendenerträgen. Die Erträge aus *Rentenwerten* (festverzinslichen Wertpapieren) resultieren dagegen ganz überwiegend aus Zinsen.

Festverzinsliche Wertpapiere

Festverzinsliche Wertpapiere erbrachten im letzten Jahrzehnt (1985-1995) – bei erheblichen Schwankungen des Kapitalmarktzinses – eine Durchschnittsrendite von 7 % (ohne Kursgewinne), inflationsbereinigt von knapp 5 %.

Wichtige Schlussfolgerungen für Ihre Zukunftsdispositionen: Aktienkurse unterliegen unvorhersehbaren ständigen und gelegentlich sehr starken Schwankungen, Zinserträge sind dagegen besser kalkulierbar. Bei sehr langfristiger Betrachtung ist jedoch die Aktie allen anderen Anlageformen überlegen (zumal Kursgewinne im Privatvermögen nach Ablauf der Spekulationsfrist von 6 Monaten steuerfrei sind). Vergessen Sie aber nicht, dass Sie bei Aktien das unternehmerische (Verlust-) Risiko in vollem Umfang mittragen.

Das bedeutet: Wer z. B. noch 20 Jahre Zeit hat, für das Alter vorzusorgen, müsste Aktien kaufen, um in diesem langen Zeitraum eine möglichst hohe Wertsteigerung zu erzielen. Wenn das Rentenalter gekommen ist, kann er auf Rentenwerte umsteigen, um dann mit festen Zinserträgen besser kalkulieren zu können.

Finanzinstrumente

Benutzen Sie *Finanzinstrumente* (z.B. Optionen) nur dann, wenn Sie sich auf diesem Markt sehr gut auskennen und die besonderen Risiken auch wirklich tragen können.

Fonds

In den letzten 20 Jahren (1976–1996) lag die Durchschnittsrendite aller deutschen *Aktienfonds* bei 9,1 %. Rentenfonds mit Anlageschwerpunkt Deutschland hatten im letzten Jahrzehnt (1986–1996) eine Wertsteigerung von 86 %, offene Immobilienfonds von 93 %.

Lebensversicherungen

Lebensversicherungen bieten Ihnen im Durchschnitt – bei Abweichungen von +/- 20 % zwischen den einzelnen Gesellschaften – eine steuerfreie Nominal-Rendite (also nicht inflationsbereinigt) von etwas über 6 % . Die eigentliche Lebensrisikoversicherung bekommen Sie dabei fast als »kostenlose Dreingabe«.

Immobilien

Nach Angaben das Rings Deutscher Makler wuchs der Wert der *Immobilien* in dem von uns betrachteten 10-Jahres-Zeitraum um 3 % jährlich. Das wären real nur 0,15 % im Jahr. Dabei sind jedoch Mieteinnahmen und Steuervorteile nicht berücksichtigt!

Gegenüber dem Tiefpunkt 1987 stieg der Wert von *Eigenheimen* in der Bundesrepublik (West) durchschnittlich um 5,7 % pro Jahr (bis 1996). Regional gab es jedoch starke Abweichungen nach unten und oben. Weit über dem Durchschnitt lag die Wertsteigerung im Süden und in den Großstädten.

In Deutschland haben sich die Immobilienpreise in der Nachkriegszeit fast immer nach oben entwickelt, mit nur kurzen Phasen der Stagnation und leichter Rückschläge. Im Ausland (zum Beispiel in England und in den USA) gab es jedoch Einbrüche um mehr als 50 %. Wer sich für den Immobilienerwerb hoch verschulden will, sollte das Risiko des Wertverfalls nicht außer Acht lassen.

Gold

Gold wird als Sicherheitsreserve für Krisenzeiten geschätzt. Hauptnachteil: keine Verzinsung.

Sammlungen

Erfolgreiche Investitionen in *Sammlungen* (Bilder, Briefmarken, Münzen usw.) setzen hohe und stets aktuelle Sachkenntnis voraus. Vieles ist *schwer verkäuflich* (Fungibilität), und zwischen Einkaufs- und Verkaufspreisen liegen oft beträchtliche Spannen.

Ein Tipp: Versuchen Sie, Ihre Finanzdispositionen möglichst *antizyklisch* und auf längere Sicht vorzunehmen. Kaufen Sie festverzinsliche Papiere bei hohen Zinsen, verschulden Sie sich bei einem niedrigen Zinssatz; kaufen Sie Aktien, wenn der Aktienindex relativ tief steht und verkaufen Sie sie in der Phase des Anstiegs. Zinsen, Konjunktur und Aktienkurse entwickeln sich in langjährigen Zyklen. Geraten Sie nicht in Panik, wenn Sie kurzfristig »schief liegen«, sondern denken Sie in längeren Zeiträumen.

Antizyklische Finanzanlagen

11.7 Die ideale Geldanlage

Eine gute Geldanlage soll zunächst vor allem fünf Anforderungen erfüllen: Sicherheit, Rendite (Erwartung einer Wertsteigerung), leichte Verkäuflichkeit (Fungibilität), Inflationsabsicherung und Steuerersparnis.

5 Kriterien für gute Geldanlage

Alle diese Ziele lassen sich leider nur selten in idealer Weise verbinden. Stehen hohe Renditen und Wertsteigerungen in Aussicht, so ist dies meist mit außergewöhnlichem Risiko verknüpft. Durch geschickte Streuung Ihrer Anlagen können Sie allerdings das Risiko verringern. Je weniger Sie besitzen und je älter Sie sind, umso mehr sollten Sie auch auf Sicherheit bedacht sein.

Risikominderung durch Streuung

Die ideale Geldanlage ist primär eine auf Ihre individuelle Lage und Ihre künftigen Bedürfnisse bestmöglich zugeschnittene Anlage. Sie muss vor allem Ihre wesentlichen Lebensziele unterstützen und fördern.

Auf Ihre Ziele ausgerichtet

11.8 Sich sichern und versichern

Versicherungs-Management

Auch das private Versicherungs-Management der meisten Deutschen verdient eine schlechte Note. Verlassen Sie sich nicht nur auf freundliche Beratung.

Bei jeglicher Versicherung ist es töricht, darauf zu spekulieren, mehr herauszubekommen als man eingezahlt hat. Sinn und Zweck allen Versicherns ist es, uns vor *»schlagenden Risiken«* zu schützen.

Schutz vor großen Risiken

Die Kernfragen für eine sinnvolle persönliche Versicherungspolitik sind deshalb: Welche Risiken können mich treffen? Was sind die großen Risiken, die mich finanziell aus der Bahn werfen oder ruinieren könnten? Die Eintrittswahrscheinlichkeit eines »Schadensereignisses« sollten Sie als Entscheidungskriterium eher vernachlässigen.

Für die meisten ist das *Einkommen aus Arbeitnehmertätigkeit* die Basis ihrer materiellen Existenz. Es wird bedroht von Arbeitslosigkeit, Berufs- und Arbeitsunfähigkeit sowie Tod.

Arbeitslosigkeit

Außergewöhnlich tüchtig und mobil zu sein, über Erfahrungen in mehreren Aufgaben und Unternehmen zu verfügen ist die beste Sicherung gegen Arbeitslosigkeit. Die gesetzliche *Arbeitslosen-Versicherung* schützt uns finanziell weitgehend bei Arbeitslosigkeit. Eine ergänzende private Arbeitslosen-Versicherung gibt es nicht. Kapitaleinkünfte aus einem ertragbringenden Vermögen können jedoch zu einem stabilisierenden »zweiten Einkommens-Bein« werden.

Unternehmer und *Freiberufliche* können sich gegen Verlust ihrer Existenz durch Bankrott nicht versichern.

Schadeneingrenzende Maßnahmen: Firma als GmbH betreiben, um Privatvermögen aus dem Risiko herauszuhalten. Der Ehefrau einen Teil des Vermögens zuweisen. Neben dem Firmenvermögen ein einkommenssicherndes Privatvermögen aufbauen. Der *Verdienstausfall* bei länger andauernder *Krankheit* kann zu einem Risiko für Selbständige werden. Sie sollten versuchen, die möglichen Einkommenseinbußen wenigstens zum Teil abzufangen.

Risiken von Selbständigen

Kosten für Krankenbehandlung (Operationen) und Krankenhausaufenthalt können Zehntausende von Mark verschlingen. Prüfen Sie, was Ihre gesetzliche Krankenversicherung deckt und was Sie eventuell darüber hinaus (mit Selbstbehalt) absichern wollen.

Krankheit

Ihr *Tod* kann den (Ehe-) Partner und die Familie katastrophal hart treffen, wenn sich deren Existenz auf Ihr Einkommen stützt. Deshalb ist eine den gesetzlichen Rentenanspruch ergänzende Sicherung der Familie durch eine *reine Lebensrisikoversicherung* unbedingt zu empfehlen.

Tod

Ungewollt können wir hohe Personen- und Sachschäden verursachen und dafür lebenslang in Anspruch genommen werden. Eine umfassende persönliche *Haftpflichtversicherung* sehe ich deshalb als ein Muss an.

Haftpflicht

Unsere *Immobilien* sind vor dem *Brandrisiko* zu schützen. Stellt unser Hausrat erhebliche Werte dar, so sollten wir ihn gegen *Einbruch-Diebstahl und Brand* versichern.

Brand, Diebstahl

Risiken und Versicherungsbedarf ändern sich im Verlauf des Lebens. Ein Single braucht keine Lebensrisikoversicherung, aber er sollte eine mögliche Invalidität

Single, Familie, Alter

durch eine ergänzende private Versicherung berücksichtigen. Familiengründung: Berufsunfähigkeit und Lebensrisiko versichern. Alter: Berufsunfähigkeit und Tod nicht weiter abdecken.

3 Regeln

Die drei wichtigsten Regeln für Ihr privates Risiko-Management:

Hohe Risiken abdecken

1. *Versichern Sie sich gegen die großen (schlagenden) Risiken.*

Kleine Risiken selber tragen

2. *Tragen Sie alle Risiken, die Sie aufgrund Ihrer Einkommens- und Vermögens-Verhältnisse selber tragen können, auch tatsächlich selbst.* Denn die billigste Versicherung ist die Selbstversicherung. Anhaltspunkt: Schäden bis zu einem Monatsnettoeinkommen selber bezahlen. Einige Netto-Monatsgehälter für »Selbstversicherungsfälle« flüssig halten. Übernehmen Sie bei Kranken-, Haftpflicht- und Kasko-Versicherungen *hohen Selbstbehalt.*

Angebote prüfen

3. Lassen Sie sich immer Angebote von mehreren Versicherungen machen. Nutzen Sie die meist sehr erheblichen Preisunterschiede. Am günstigsten sind oft die »Direktversicherer« ohne Vertreter.

11.9 Genügend Geld im Alter haben

Altersvorsorge ist eigentlich kein Versicherungs-, sondern ein Sparthema. Die Kernfrage ist: Über welches Einkommen kann und will ich nach Beendigung meiner Berufstätigkeit verfügen?

Stellen Sie schon in der Mitte des Lebens fest, mit welcher Monatsrente Sie zum Beispiel im Alter von 60 Jahren rechnen können. (Die Renten der Bundesanstalt für Angestelltenversicherung liegen überwiegend unter 3000 DM im Monat.)

Bedarf im Alter frühzeitig planen

Überlegen Sie, ob und in welchem Umfang Sie Ihre Rente aus Vermögen und/oder aus Lebensversicherungen ergänzen wollen.

11.10 Zusammenfassung

Schutz, Sicherheit, Vermögensbildung

Ein sorgfältiges und planmäßiges persönliches Finanz-Management schützt Sie weitgehend vor gravierenden finanziellen Risiken und Sorgen, gewährleistet Ihnen Überblick und Sicherheit, erleichtert Ihnen das Ersparen eines (kleinen) Vermögens und gibt Ihnen schließlich die Chance, das Beste aus Ihrem Geld zu machen.

Finanz-Ordner

Fassen Sie alle Finanz-Unterlagen in einem *Ordner* zusammen.

Budgets

Arbeiten Sie mit *Monats- und Jahresbudgets* und kontrollieren Sie regelmäßig ihre Einhaltung.

Bilanz

Machen Sie jährlich eine *Vermögens-Übersicht* (Bilanz).

Langfristige Planung

Planen Sie die Entwicklung Ihres Einkommens, Ihrer Ersparnis, Ihrer Hauptanschaffungen und Ihres Vermögens für die nächsten 10 bis 20 Jahre.

Anlage-formen

Informieren Sie sich sorgfältig über Vor- und Nachteile sowie Risiken der verschiedenen *Anlageformen*. Steuern Sie eine ausgewogene Risiko-Streuung Ihres Vermögens an. Berücksichtigen Sie immer Inflation und Steuern.

Gemeinsame Planung

Stimmen Sie Ihre Finanz- und Vermögenspolitik mit Ihrem (Ehe-)Partner ab.

Versicherungen

Schützen Sie Ihre Lebensplanung durch *Versicherungen* vor wesentlichen finanziellen Risiken.

Machen Sie Ihre Finanzpolitik zu einem fördernden Faktor für Ihre *Lebensziele.*

12. Strategisches Vorgehen und Nutzen-Orientierung

12.1 Für Unternehmer und Selbständige (Aber auch für Führungskräfte und Angestellte gut zu wissen)

»Nutzen bieten!«

(G. Großmann)

Strategien erhöhen Erfolgschancen

Blanker Unsinn ist es zu behaupten, mit der »richtigen Strategie« könne jeder alles erreichen. Aber zutreffend ist: Mit einer guten Strategie kann jedes Unternehmen und jeder Einzelne seine Erfolgschancen beträchtlich erhöhen.

Als Erstes geht es darum, die Beziehungen zwischen dem eigenen *Unternehmen*, den *Kunden* und den *Kon-*

Analyse der Gesamtsituation

kurrenten im bestehenden Wettbewerb gründlich zu erfassen (»Magisches Dreieck«).

Strategisch denken heißt, aufgrund der Analyse der Gegebenheiten unter den zahllos sich bietenden Möglichkeiten *den Erfolg versprechendsten Weg in die Zukunft* zu suchen (strategische Stoßrichtung).

Erste Fragen sind:

- Was produzieren wir, was verkaufen wir?
- Welchen Nutzen bieten wir?
- Was können wir?
- Was sind unsere Kern-Kompetenzen?
- Was können wir derzeit besser als die Wettbewerber (unsere Stärken)?

Jedes Unternehmen kämpft ständig mit Konkurrenten um Aufträge und Kunden. Deshalb lauten die entscheidenden

Fragen:

- Welche Gründe kann ich den Kunden geben, mein Produkt bzw. mein Unternehmen vorzuziehen (Präferenz-Strategie)?
- Mit welchem größeren bzw. anders gearteten Nutzen kann ich das bewirken?

Ziel: Vorteile im Wettbewerb erringen

Ziel jeder Strategie ist es, *im Wettbewerb Vorteile zu erringen*, Marktanteile zu verteidigen und zu gewinnen. Als *Mittel* dient der überlegene *Kundennutzen*. »Nutzen bieten!« war schon die zentrale Forderung in der Methodik-Lehre von Gustav Großmann.

Kaufentscheidende Vorteile

Bei jedem Produkt (jeder Leistung) fragen wir:

- Nach welchen *Kriterien* entscheidet sich der Kunde unter den am Markt angebotenen Produkten?
- Welche Merkmale und Vorteile sind *kaufentscheidend*?
- Wie können wir gerade in diesem Bereich einen besonderen Vorteil bieten (relevanter Vorteil)?

Etwas besser zu können als der Hauptwettbewerber ist eine *relative* Stärke. Etwas Wettbewerbsentscheidendes besser zu können bedeutet zugleich eine *relevante* Stärke.

»Be different or die!«

Biete ich nur ein gleiches oder sehr ähnliches Produkt an wie der Wettbewerber (Me-too-Product), so bin ich in einer gefährlichen Patt-Situation. »Be different or die!« – Differenziere dich oder geh zugrunde, warnen deshalb die Amerikaner.

Wettbewerbsstrategisches Denken kreist daher ständig um die Kernfrage, wie kann ich meine Leistung wenigstens in *einem* wichtigen Punkt besser machen als die Leistungen meiner Konkurrenten (Differenzierungs-Strategie)?

Entscheidend: Kundenwünsche

Entscheidend ist die Bedürfnis-Situation des Kunden und seine Sicht. *Was ist dem Kunden wichtig, was braucht er, was wünscht er sich noch?* (Millionen werden täglich mit der Entwicklung von Produktvorteilen vergeudet, die dem Kunden nichts bedeuten.) Entscheidend bleibt, *wie zufrieden* Ihre Kunden mit den von Ihnen gebotenen besonderen Leistungsmerkmalen sind.

So müssen wir in ständigem engsten Kontakt mit dem Kunden ununterbrochen nach noch nicht oder noch nicht optimal erfüllten Wünschen, Bedürfnissen und Problemen fragen und forschen. Neue Bedürfnisse schneller zu entdecken als die Wettbewerber bietet die Chance, einen *neuen* Kundennutzen zu realisieren und damit einen Wettbewerbsvorteil zu erringen.

Reklamationen für Innovationen nutzen

Kritik (Reklamationen) unserer Kunden an unseren Leistungen (und an den Leistungen unserer Wettbewerber) lässt sich als eine *Fundgrube und Initialzündung* für Verbesserungen und Innovationen nutzen.

Differenzierender Zusatznutzen

Bei jedem Produkt, bei jeder Dienstleistung, bei jedem Service ist zu unterscheiden zwischen dem von uns gebotenen *Grundnutzen* und unserem *»differenzierenden Zusatznutzen«*, d. h. den Nutzenelementen, mit denen sich unser Produkt gegenüber Wettbewerbsprodukten unterscheidet. Beispiel: Alle Elektrorasierer bieten den Grundnutzen »Rasieren«. Braun verspricht als Zusatznutzen gründliche und schonende Rasur sowie ein hervorragendes Produkt-Design.

Konzentration auf »Nutzen bieten«

Machen Sie die ständig bessere Befriedigung der Kundenbedürfnisse und die Konzentration auf das »Nutzen-Bieten« und die Kundenzufriedenheit zum prägenden Kennzeichen Ihrer Unternehmenskultur. Für jede Tätigkeit gilt: Es zählt nur, was zur Erhöhung des Kundennutzens beiträgt.

Es genügt nicht, besser zu sein: Das Besondere unseres Kundennutzens muss auch sichtbar und glaubwürdig sein. Denn:

»Was nicht gesehen wird, ist fast so, als ob es nicht wäre.«
(Schopenhauer)

Wer seinen Kunden im Verhältnis zu seinen Wettbewerbern einen größeren, anders gearteten Nutzen sichtbar und glaubwürdig zu bieten vermag, kann den Erfolg fast nicht vermeiden.

Erfolg fast nicht vermeidbar

Thesen und Leitfragen:

Der Kunde entscheidet

1. Wettbewerbsstrategie hat das Ziel, in mittlerer bis längerer Frist *Vorteile gegenüber den Konkurrenten* zu erringen.

2. Unsere *Kunden entscheiden*, ob wir im Wettbewerb aufholen oder zurückfallen. Wir müssen unseren Kunden Gründe geben, unsere Produkte vorzuziehen.

3. Der Kunde kauft dort, wo seine Wünsche und Bedürfnisse am besten befriedigt werden, wo ihm aus seiner Sicht *der größte Nutze*n geboten wird.

4. Wie können wir die *Kundenbedürfnisse* noch besser kennen lernen und permanent als Verbesserungs- und Innovationsquelle nutzen? Welches sind die wichtigsten *Bedürfnisse*, Probleme und Wünsche unserer Kunden?

Leitkunden auswählen

5. Haben wir einen anspruchsvollen *Leitkunden*, dessen *Bedürfnisse und Probleme* wir ständig hautnah miterleben und mit dem wir besonders eng (in der Entwicklung) zusammenarbeiten?

6. *Welchen Nutzen* bieten wir *derzeit* durch die von uns erbrachten Dienstleistungen bzw. die von uns angebotenen Produkte?

7. Was sind die *relativen Stärken* unseres Unternehmens und unseres Nutzenangebotes gegenüber den Hauptwettbewerbern (aus Kundensicht)?

8. Welches sind die wichtigsten Kriterien, nach denen der Kunde entscheidet?

9. Welches sind unsere wichtigsten *Kundengruppen* (Zielgruppen)?

Kundenbedürfnisse erkennen

10. Welche *Kundenbedürfnisse* (Punkt 5) könnten wir *künftig* besser befriedigen als die Wettbewerber?

11. Benutzen Sie Wie-Pläne und Brainstormings, um mit Ihren Mitarbeitern neue Möglichkeiten zur Erhöhung des Kundennutzens zu entdecken.

12. Welche *neuen Zusatznutzen* könnten wir bieten?

13. Welche unserer Stärken (besondere Kundenvorteile bieten zu können) könnten wir noch besser als bisher *nutzen*?

Vorteile deutlich kommunizieren

14. Stellen wir in *Werbung und Vertrieb* die von uns gebotenen differenzierenden Vorteile deutlich genug heraus?

15. Welche Stärken (Punkt 7) könnten wir *ausbauen*, welche *neu hinzugewinnen* (Erfolgspotentiale)?

16. Werten wir *Kundenreklamationen* systematisch für Verbesserungen und Innovationen aus?

17. Welche *relevanten (wettbewerbs-entscheidenden) Schwächen* müssen wir beseitigen bzw. könnten wir in Stärken verwandeln (Überkompensation)?

Schwächen beseitigen

18. Ist Hingabe an das Ziel, dem Kunden einen größtmöglichen *Nutzen zu bieten*, ein von allen Mitarbeitern verinnerlichtes Wesensmerkmal unserer Unternehmenskultur?

12.2 Für Führungskräfte und Angestellte

Thesen:

1. Vorweg: Werfen Sie alle Klischees von angeblich unabdingbaren Voraussetzungen für den persönlichen Erfolg wie hohe Intelligenz (= guter Notendurchschnitt), akademische Ausbildung, gutes Aussehen usw. über Bord.

Weg mit den Klischees!

2. Entscheidend ist allein, welchen *Nutzen* Sie einem Unternehmen mit Ihrer Arbeit und Ihren Fähigkeiten bieten können oder welche *Beiträge* Sie leisten können, damit das Unternehmen seinen Kunden größtmöglichen Nutzen bietet.

3. Für Führungskräfte und Angestellte ist *das Unternehmen ihr »Kunde«*. Potentielle Kunden sind alle für eine Beschäftigung in Frage kommenden Arbeitgeber.

Das Unternehmen – Ihr »Kunde«

4. Sehen Sie Ihre Leistung also ständig im Wettbewerb stehend mit der Leistung von potentiellen »Konkurrenten«. Welchen Grund geben Sie Ihrem Arbeitgeber (und potentiellen Arbeitgebern), Ihre Leistung vorzuziehen?

5. *Kundenorientierung* heißt hier, *die Ziele, Aufgaben, Probleme und Bedürfnisse des Unternehmens gut zu erforschen* und zu verfolgen, um mit dem eigenen Können die bestmöglichen Beiträge zur Zielerreichung zu liefern.

Auf Unternehmensaufgaben konzentrieren

6. Sie sollten aktiv möglichst eindeutig klären, welche *Unternehmensaufgaben und -ziele* verfolgt werden, welches dabei die *Rolle Ihrer Abteilung* ist und welche konkreten *Aufgaben* und Verantwortungen Ihnen übertragen sind. Klar vereinbart werden sollte auch, welche konkreten *Ziele* Sie (z. B. innerhalb eines Jahres) erreichen sollen, welche *Ergebnisse, Fortschritte und Verbesserungen* man von Ihrer Arbeit erwartet. Daraus können Sie die *Anforderungen* an Ihr Können, Ihr Wissen, Ihre Erfahrungen usw. ableiten.

Arbeitsergebnis ist Maßstab

7. Können heißt: einen bestimmten Nutzen bieten können. Wichtig ist nicht die Breite und Tiefe Ihres Wissens, sondern nur, dass Sie den *wichtigen Anforderungen* gut entsprechen können, dass Ihr Stärken-Profil gut dem Anforderungs-Profil entspricht. Maßstab ist letztlich Ihre Leistung, Ihr Arbeitsergebnis. Sie können krumm und dumm sein: Hauptsache ist, dass Sie die vereinbarte Leistung erbringen und am Vorwärtskommen des Unternehmens aktiv mitwirken.

8. Dementsprechend kommt man in der Personalbeurteilung (Mitarbeitergespräch) immer mehr ab von der

Persönlichkeitsbeschreitung (»zuverlässig, geistig beweglich, liebenswürdig, initiativ«), sondern geht vom *Arbeitsergebnis* aus und fragt, was künftig wie besser gemacht werden könnte.

Chef-Orientierung

9. *Bewerten* Sie Ihre Aufgaben und Zielvorgaben im Hinblick auf den Unternehmenserfolg (A, B, C) und stellen Sie völlige Übereinstimmung mit Ihrem Vorgesetzten her. Es nützt nichts, wenn Sie Erfolge »auf Nebenkriegsschauplätzen« (aus Sicht des Chefs) erzielen. Nur die »Chefzufriedenheit« zählt. Sie müssen ihn überzeugen oder seine Meinung akzeptieren. Mangelnde Ziel-, Ergebnis- und Chef-Orientierung ist einer der großen Erfolgshemmer bei vielen Führungs- und Nachwuchskräften.

Stärken entwickeln

10. Wichtigste Aufgabe für Führungskräfte und Angestellte als »Mitunternehmer« ist, *das Unternehmen bei der Entwicklung von differenzierenden Kundenvorteilen (strategischen Stärken) zu unterstützen.*

11. Erarbeiten Sie im Gespräch mit Ihrem Vorgesetzten, wie Sie dem Unternehmen künftig *noch größeren Nutzen* bieten könnten. Welchen »profilierenden Zusatznutzen« können Sie dem Unternehmen künftig bieten? Bearbeiten Sie die Frage vorher mit einem Wie-Plan.

Defizite abbauen

12. Sieht Ihr Chef *Defizite* in Ihren Leistungsergebnissen? Ursachen? Wissens-Lücken und Verhaltens-Schwächen? Konsequenzen für Ihre Weiterbildung?

Team-Fähigkeit

13. Heute ist nicht nur der hervorragende »Einzelkämpfer« gefragt, sondern Leistungen müssen immer häufiger durch optimales Zusammenwirken von mehreren Personen oder organisatorischen Einhei-

ten erbracht werden. Wie gut ist *Ihre Team-Fähigkeit*, wie gut funktionieren Sie als »System-Komponente«?

14. Gibt es *andere Aufgaben im Unternehmen*, bei denen Sie Ihr Fähigkeiten-Profil noch nutzbringender einsetzen könnten?

Identifikation mit Aufgabe und Unternehmen

15. Der Wunsch, dem Unternehmen größtmöglichen Nutzen zu bieten, ist eine *erfolgfördernde Einstellung*. Identifizieren Sie sich voll mit dem Unternehmen und Ihrer Aufgabe und geben Sie Ihr Bestes.

Leitfragen:

1. Ziele und Strategien meiner Firma?

2. Die Hauptaufgaben und -ziele meiner Abteilung?

3. Welches sind meine Aufgaben (Job Description, ABC-Bewertung)?

4. Welche (messbaren) Ergebnisse werden von mir erwartet, welche definierten Ziele sind zu erreichen? (Zielvereinbarungen?)

5. Sind die oben genannten Aufgaben- und Zielbeschreibungen genau mit meinem Vorgesetzten abgestimmt?

6. Wie kann ich zur Erhöhung des vom Unternehmen gebotenen Kunden-Nutzens (Ausbau der strategischen Stärken) beitragen?

7. Durch Ausbau welcher Kenntnisse, Fähigkeiten und Erfahrungen könnte ich dem Unternehmen größeren Nutzen bieten? (Welche relevanten Schwächen, Wissenslücken, Verhaltensfehler etc. abbauen?)

8. Wie kann ich mich (mittelfristig) für größere Aufgaben qualifizieren (Weiterbildung; Erfahrungen)? In welche Richtung kann ich mich weiterentwickeln (Erfolgspotentiale)?

9. Welches sind meine Stärken?

10. Welche konkreten Berufsaufgaben kommen für mein Stärken-Profil in erster Linie in Frage?

11. Welchen Grundnutzen kann ich bieten und welchen zusätzlichen differenzierenden Nutzen (Spezialkenntnisse, besondere Erfahrungen etc.) kann ich offerieren?

12. Welches sind die Eigenschaften, Erfahrungen und Verhaltensweisen, die im Segment meines Arbeitsmarktes entscheidend sind (relevante Stärken; Erfolgsfaktoren)?

13. Bei welchen Arbeitsaufgaben (innerhalb bzw. außerhalb meines jetzigen Unternehmens) könnte ich mein gegenwärtiges Stärkenprofil noch besser nutzen und damit höheren Nutzen bieten?

Nachwort

Viel Glück beim Planen und Handeln

»Wer nicht handelt, dem wird auch der Himmel nicht helfen.«
(Volksweisheit)

Haben Sie sich bis hierher *durchgearbeitet* – alle wesentlichen Fragen und Aufgaben beantwortet? Dann sollten Sie sich selbst ein großes Lob aussprechen. Denn das zeigt: Sie nehmen sich selbst und die Gestaltung Ihrer Zukunft ernst. Und Sie sind bereit, einige Mühe und Denkarbeit in die Entwicklung Ihrer Persönlichkeit und für die Verbesserung Ihrer Arbeits-Effizienz zu investieren.

Zuerst die niedrig hängenden Früchte

Folgen Sie bei Ihrem weiteren Vorgehen dem Prinzip der »niedrig hängenden Früchte«: Beginnen Sie damit, die leicht erreichbaren Vorteile umzusetzen; gehen Sie dann die großen höher hängenden Früchte an; und lassen Sie die Schrumpel-Äpfel am Gipfel erst einmal hängen.

Die 3 Grundschritte

Und noch eins: Die volle positive Wirkung der einzelnen Methodik-Bausteine kommt erst dann zur Geltung, wenn Sie sie *im System* integriert anwenden. Die Grundschritte sind immer wieder:

1. Mit sorgfältiger Analyse die für Sie optimalen Ziele und Strategien erarbeiten.

2. Die großen Ziele mit Ziel-Erreichungs-Plänen durchführbar machen.

3. Realisierung Ihrer Ziele mittels Ihrer Zeitplanung.

Der zielorientierte Ausbau Könnens und Ihrer Erfolgsfähigkeiten, stärkere Selbstmotivation und ein persönlicher Fitnessplan runden Ihr Programm zum besseren Selbstmanagement ab.

Die Vision Ihres Lebens

Beherzigen Sie auch die Ansätze strategischen Denkens, in dessen Mittelpunkt Ihr Streben nach »Nutzen bieten« steht. Vermeiden Sie schließlich eindimensionales Erfolgsdenken, sondern leiten Sie Ihre Lebensziele aus einer ganzheitlichen Sicht Ihrer Persönlichkeit ab, in der private, musische, familiäre und gesellschaftliche Wünsche ebenso ihren Platz haben wie berufliches Vorwärtskommen. Erträumen Sie die Vision Ihres Lebens und lassen Sie sie Schritt für Schritt Wirklichkeit werden.

Beratung nutzen

Mit diesem Buch bin ich »monologisierend« mit Ihnen in Kontakt getreten. Viel lieber als solche Einbahn-Kommunikation ist mir ein *Dialog mit dem Leser.* Schreiben Sie mir, was Ihnen gefallen hat, was Sie anders sehen und welche Erfahrungen Sie mit meinen Anregungen gemacht haben. Ein Lehrbuch übers Tennisspielen kann keine Trainerstunden ersetzen; erwägen Sie, Ihr Methodik-Können durch ein Seminar gründlich zu vertiefen.

Schließlich wünsche ich Ihnen herzlich jenes Quäntchen Glück, das man im Leben braucht – neben allem systematisch-methodischen Bemühen.

Ihr Alexander Großmann

Literaturhinweise

Großmann, Alexander, »Sich selber besser managen«, 1993, Grünwald, ratio-Verlag. (Ein Kurz-Ratgeber)

Großmann, Gustav, »Sich selbst rationalisieren. Vorbereitende Einführung in den elementaren Teil der Großmann-Methode«, 28. Aufl., 1993, Grünwald, ratio-Verlag.

Birkenbihl, Vera F., »Stroh im Kopf?«, 22. Aufl., 1994, Offenbach, GABAL.

Großmann, Gustav, »Die Welt der Könner«, 1993, München, ratio-Verlag.

Kugemann, Walter F., »Lerntechniken für Erwachsene«, 13. Aufl., 1995, Reinbek, Rowohlt Taschenbuch.

Schräder/Naef, Regula D., »Rationeller lernen«, 17. Aufl., 1992, Weinheim, Beltz.

Goldmann, Heinz. »Wie Sie Menschen überzeugen«, 1990, Düsseldorf, EconVerlag.

Großmann, Gustav, »Der Chef, nach dem sich die besten Kräfte reißen«, 1975, Bad Alexandersbad, HelfRecht.

Gustav Großmann, »Verhandlungserfolge methodisch vorbereiten«,

4. Aufl., 1980, Grünwald, ratio-Verlag.

Jeserich, Wolfgang, »Mitarbeiter auswählen und fördern«, 1981, München, Hanser Verlag.

Reddin, William, »Das 3-D-Programm«, 1977, Landsberg, Verlag Moderne Industrie. (Vergriffen)

Reiners, Ludwig, »Stilfibel«, 27. Aufl., 1995, München, dtv.

Peters, Thomas J./ Austin, Nancy, »Leistung aus Leidenschaft«, 1986, Hamburg, Hoffmann und Campe Verlag.

Bürkle, Hans, »Aktive Karrierestrategie«, 2. Aufl., 1996, Frankfurt am Main, Verlag Frankfurter Allgemeine.

Krämer, Dietrich, »Traumberuf. Die Gebrauchsanleitung vom Headhunter für Anfänger und Fortgeschrittene«. 1992, Berlin, Byblos Verlag.

Großmann, Gustav, »Die ideale Stellung finden«, 3. Aufl., 1983, Grünwald, ratio-Verlag.

Siewert, Dr. Horst und Renate, »Bewerben wie ein Profi«, 1992, München, mvg-Verlag.

Süddeutsche Zeitung,»Der hilfreiche Ratgeber für Ihre Bewerbung«, 1992, SZ-Anzeigenverkauf, Sendlinger Str. 80, 80331 München, Tel.: 089/ 2183-675

Buzan, Tony, »Kopftraining«, 1993, München, Goldmann Verlag.

Jackson, Keith F., »Die Kunst des Problemlösens«, 1984, Landsberg, mvg Verlag.

Kirckhoff, Mogens, »Mind Mapping«, 1993, Offenbach, GABAL Verlag.

Ott, Ernst, »Optimales Lesen«, 1995, Reinbek, rororo.

Seiwert, Lothar J., »Das neue 1 x 1 des Zeitmanagement«, 17. Aufl., 1995, Offenbach, GABAL Verlag.

De Bono, Edward, »Edward de Bono's Denkschule«, 1990, München, mvg Verlag.

Großmann, Gustav, »Ideen und Einfalle verkommen lassen oder pflegen und verwerten?«,

1977, München, ratio-Verlag. (überarbeitete Neuauflage in Vorbereitung)

Kirckhoff, Mogens, »Mind Mapping«, 1993, Offenbach, GABAL Verlag.

Osborn, Alex F., »Applied Imagination«, 1957, New York, Scribner's.

»Die große GU Nährwerttabelle«, Kalorien-, Joule- und Nährstoffgehalte unserer Lebensmittel, 1994, München, Gräfe & Unzer.

Hettinger, Prof. Dr. med. Theodor, »Fit sein – fit bleiben«, 8. Aufl., 1989, Stuttgart, TRIAS Thieme Hippokrates Enke.

Schettler, Prof. Dr. med. Gotthard, »Der Mensch ist so jung wie seine Gefäße«, Arteriosklerose, Herzinfarkt, Schlaganfall, Durchblutungsstörungen – Entstehen, Risiken, Vorbeugung, Behandlung, 1991, München, R. Piper & Co. Verlag.

Schulz, Prof. Dr. I. H., »Übungsheft für das Autogene Training«, Konzentrative Selbstentspannung, 1989, Stuttgart, TRIAS Thieme Hippokrates Enke.

Carnegie, Dale, »Wie man Freunde gewinnt«, 1991, München, Scherz Verlag.

Genossenschaftsverband Hessen / Rheinland-Pfalz / Thüringen e.V. (Hrsg.), »Geld-Kompass«, 1994 Wiesbaden, DG-Verlag

Katzenstein, Bernd, »Reich werden nach Plan«, 1993, Düsseldorf, ECON-Taschenbuch.

Perina, Udo, »Kursbuch Geld«, 1991, Frankfurt/M., Fischer Taschenbuchverlag.

Hinterhuber, Hans H., »Strategische Unternehmensführung«, 1989, Berlin, de Gruyter.

Porter, Michael E., »Wettbewerbsstrategie«, 7. Aufl., 1992. Frankfurt. Campus.